# DIBUJO Y PINTO

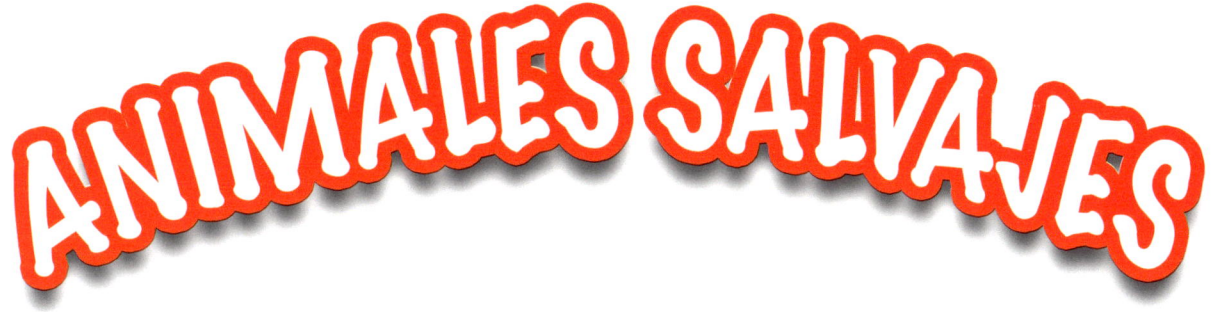

## T. BEAUDENON

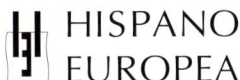
HISPANO
EUROPEA

Título de la edición original:
**Je dessine des Animaux Sauvages**

El autor reivindica el derecho moral de ser identificado como autor de esta obra.
Ilustraciones originales de **Thierry Beaudenon**

Es propiedad, 2009:
© **Éditions Vigot**, Paris.

© de la edición en castellano, 2010:
**Editorial Hispano Europea, S. A.**
Primer de Maig, 21 - Pol. Ind. Gran Via Sud
08908 L'Hospitalet - Barcelona, España
E-mail: hispanoeuropea@hispanoeuropea.com

© de la traducción: **Fernando Ruiz Gabás**

Depósito Legal: B. 6864-2010

ISBN: 978-84-255-1927-7

Consulte nuestra web:
**www.hispanoeuropea.com**

IMPRESO EN ESPAÑA     PRINTED IN SPAIN

T. G. SOLER, S. A. - Enric Morera, 15 - 08950 Esplugues de Llobregat (Barcelona)

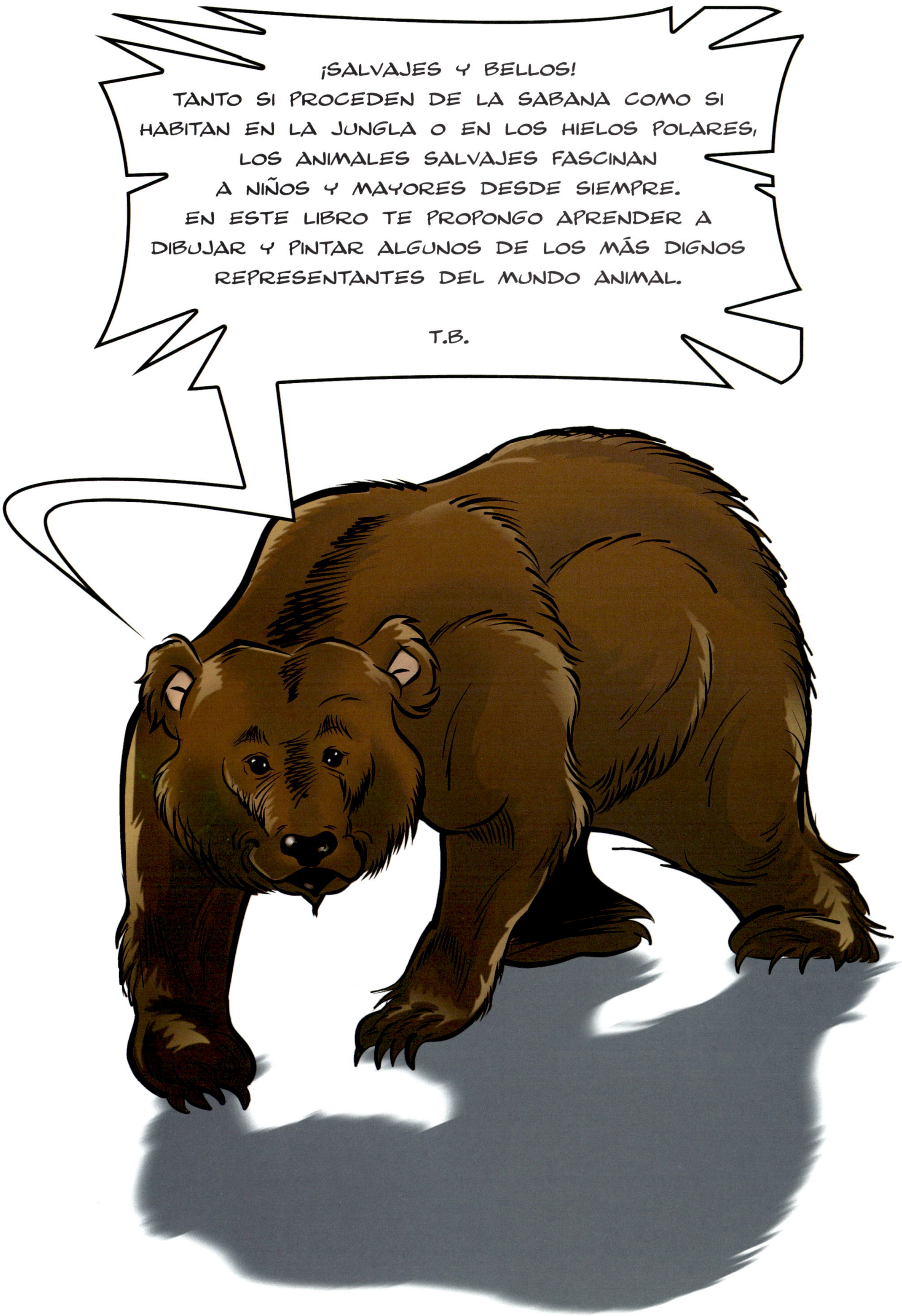

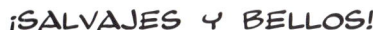

¡SALVAJES Y BELLOS!
TANTO SI PROCEDEN DE LA SABANA COMO SI
HABITAN EN LA JUNGLA O EN LOS HIELOS POLARES,
LOS ANIMALES SALVAJES FASCINAN
A NIÑOS Y MAYORES DESDE SIEMPRE.
EN ESTE LIBRO TE PROPONGO APRENDER A
DIBUJAR Y PINTAR ALGUNOS DE LOS MÁS DIGNOS
REPRESENTANTES DEL MUNDO ANIMAL.

T.B.

# EL LEÓN

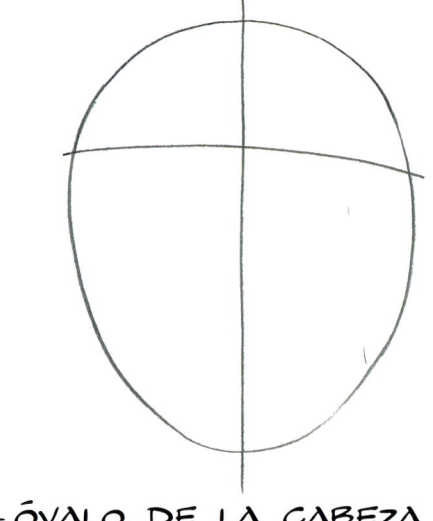

1 - ÓVALO DE LA CABEZA

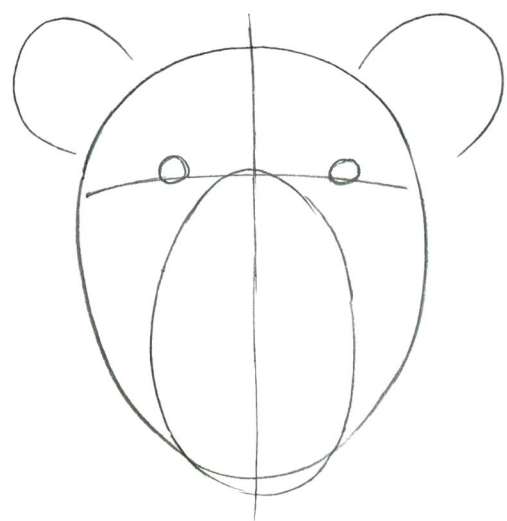

2 - FORMA GENERAL

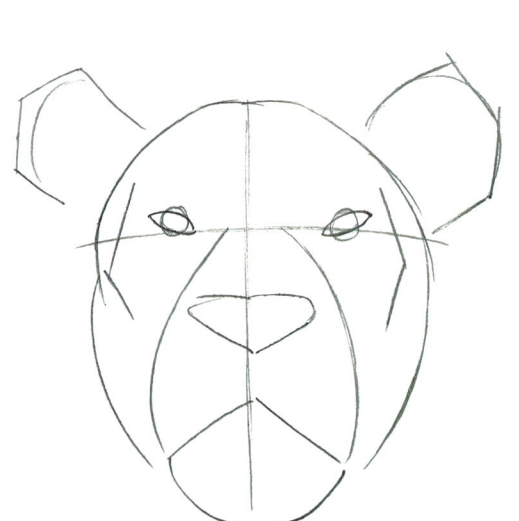

3 - DIBUJOS DE LOS OJOS,
DE LAS OREJAS Y DE LA NARIZ

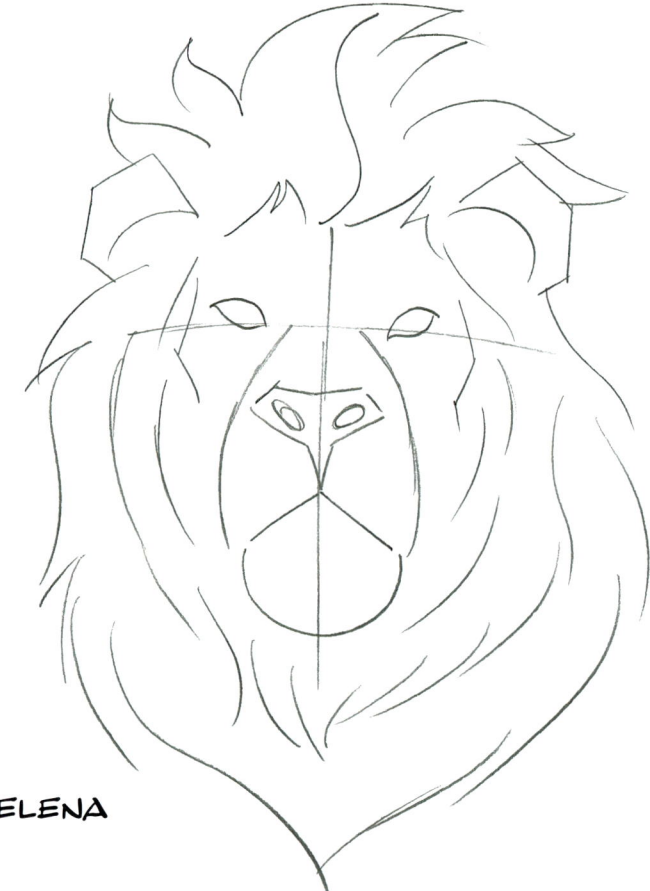

4 - ESBOZO DE LA MELENA

4

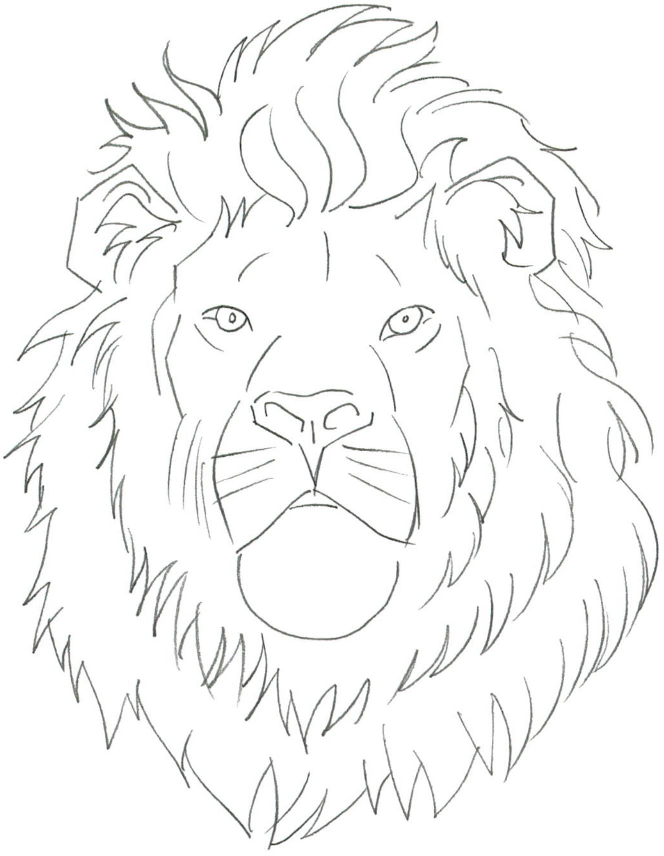

5 - AFINACIÓN DE LOS DETALLES

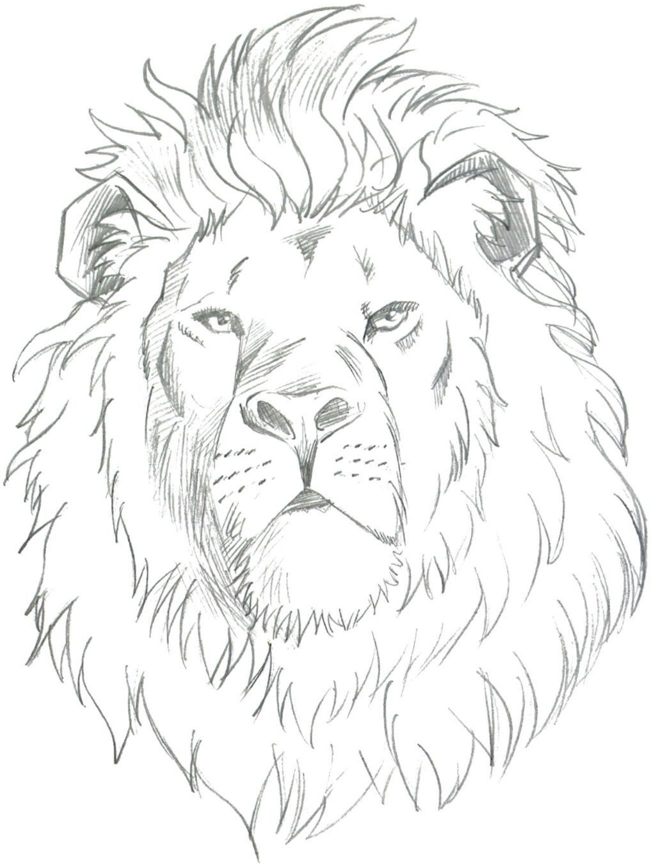

6 - FINALIZACIÓN

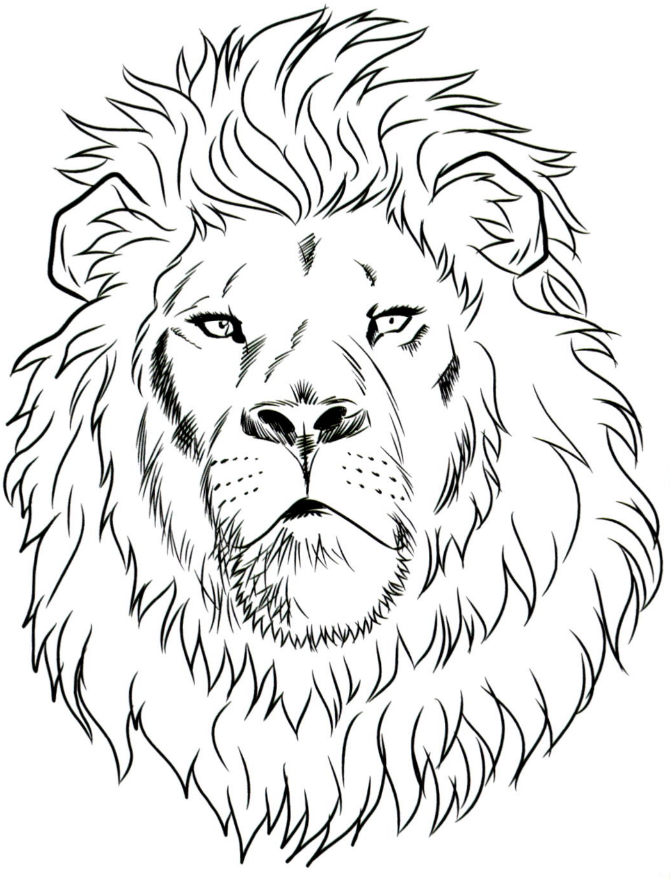

7 - ENTINTADO

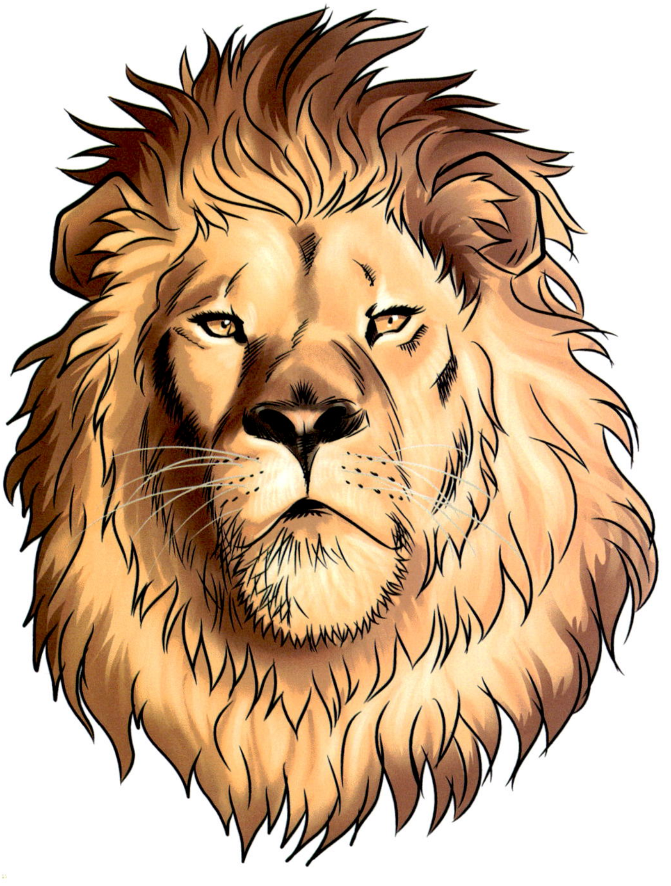

8 - COLOREADO

# EL LEÓN RUGIENTE

1 - ÓVALOS DE LA CABEZA
Y DEL CUERPO

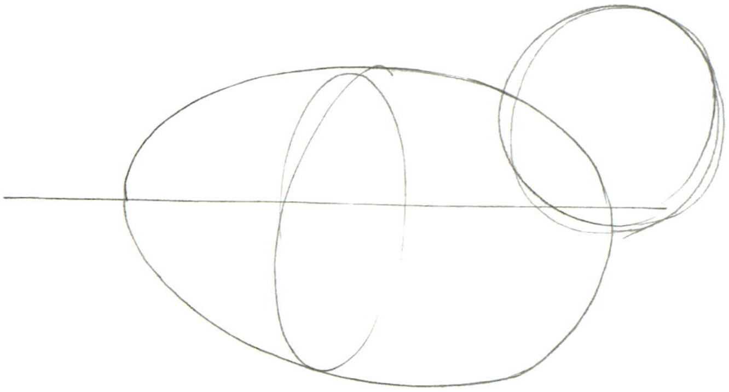

2 - ESBOZO DE
LOS MIEMBROS

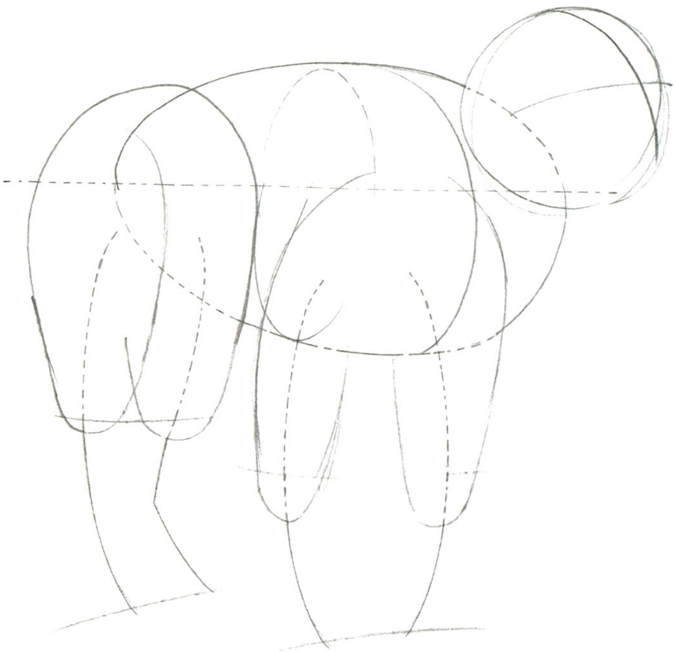

3 - BOCETO DE LAS PATAS
Y DE LA CABEZA

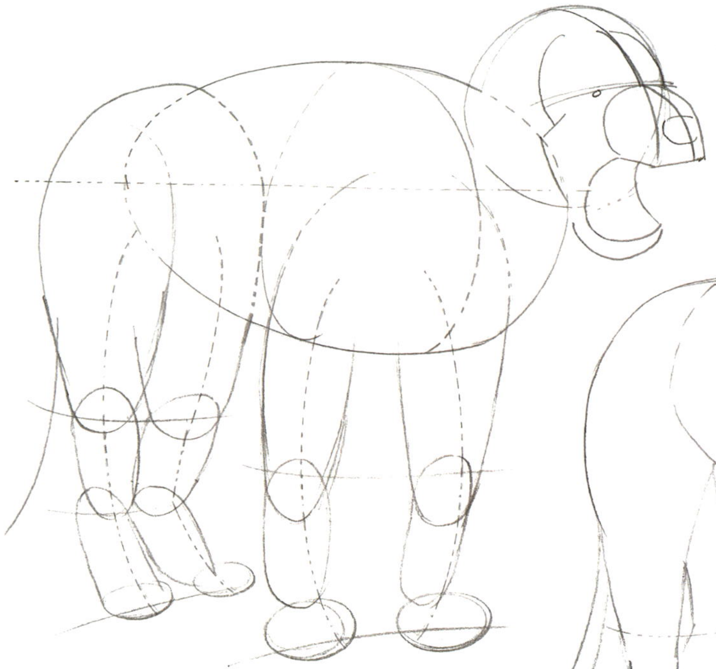

4 - ESBOZO DE LA MELENA

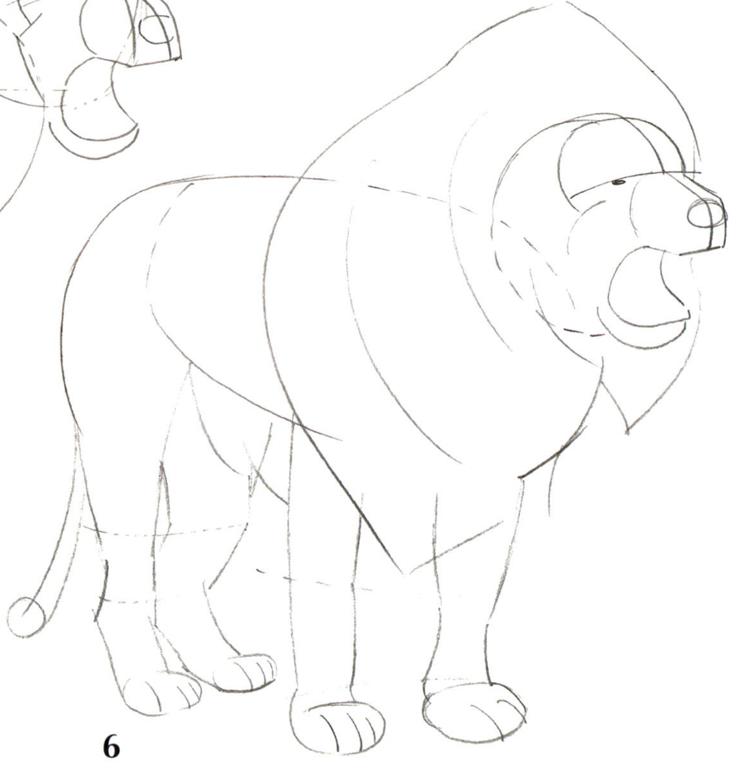

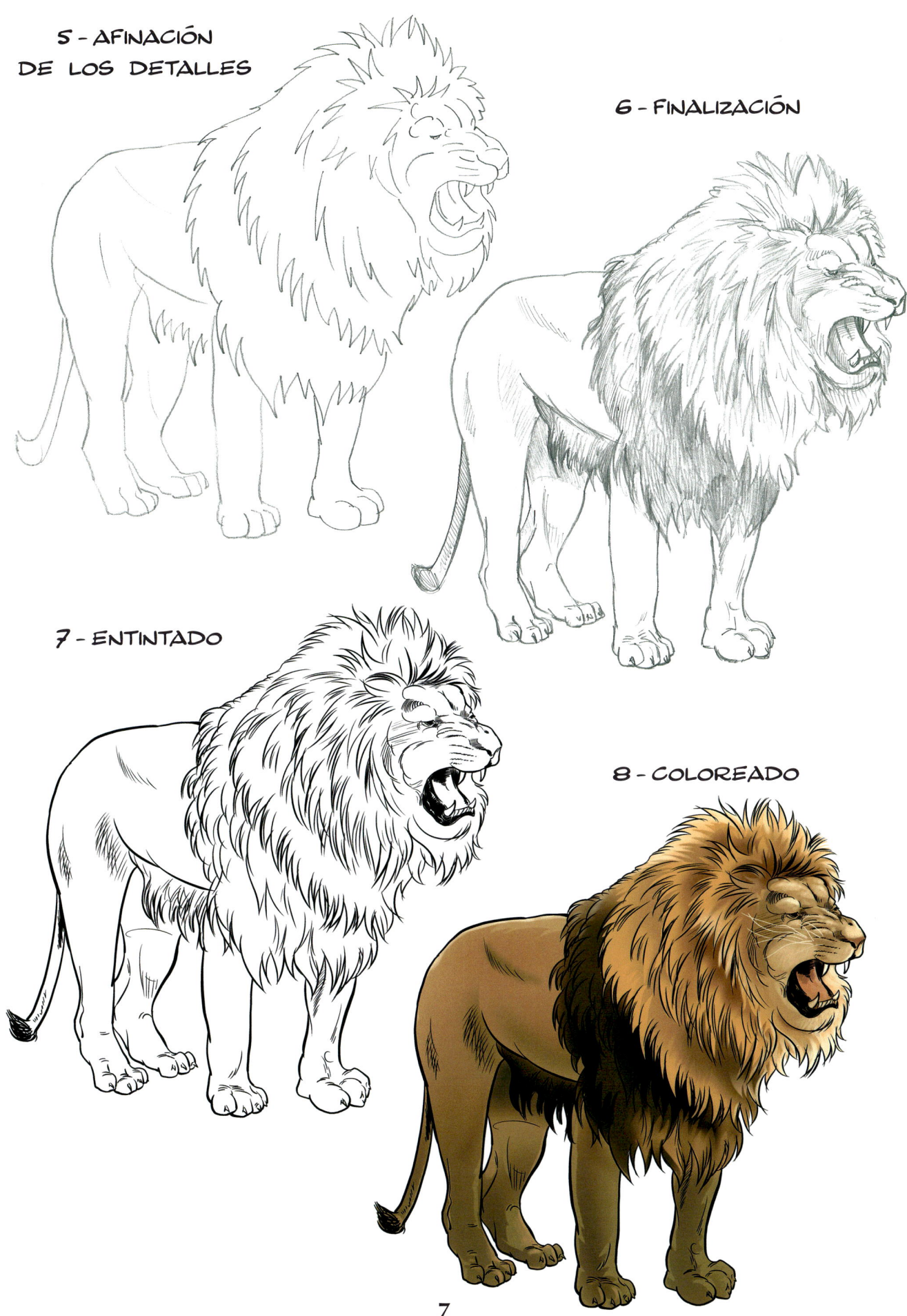

5 - AFINACIÓN DE LOS DETALLES

6 - FINALIZACIÓN

7 - ENTINTADO

8 - COLOREADO

# EL TIGRE

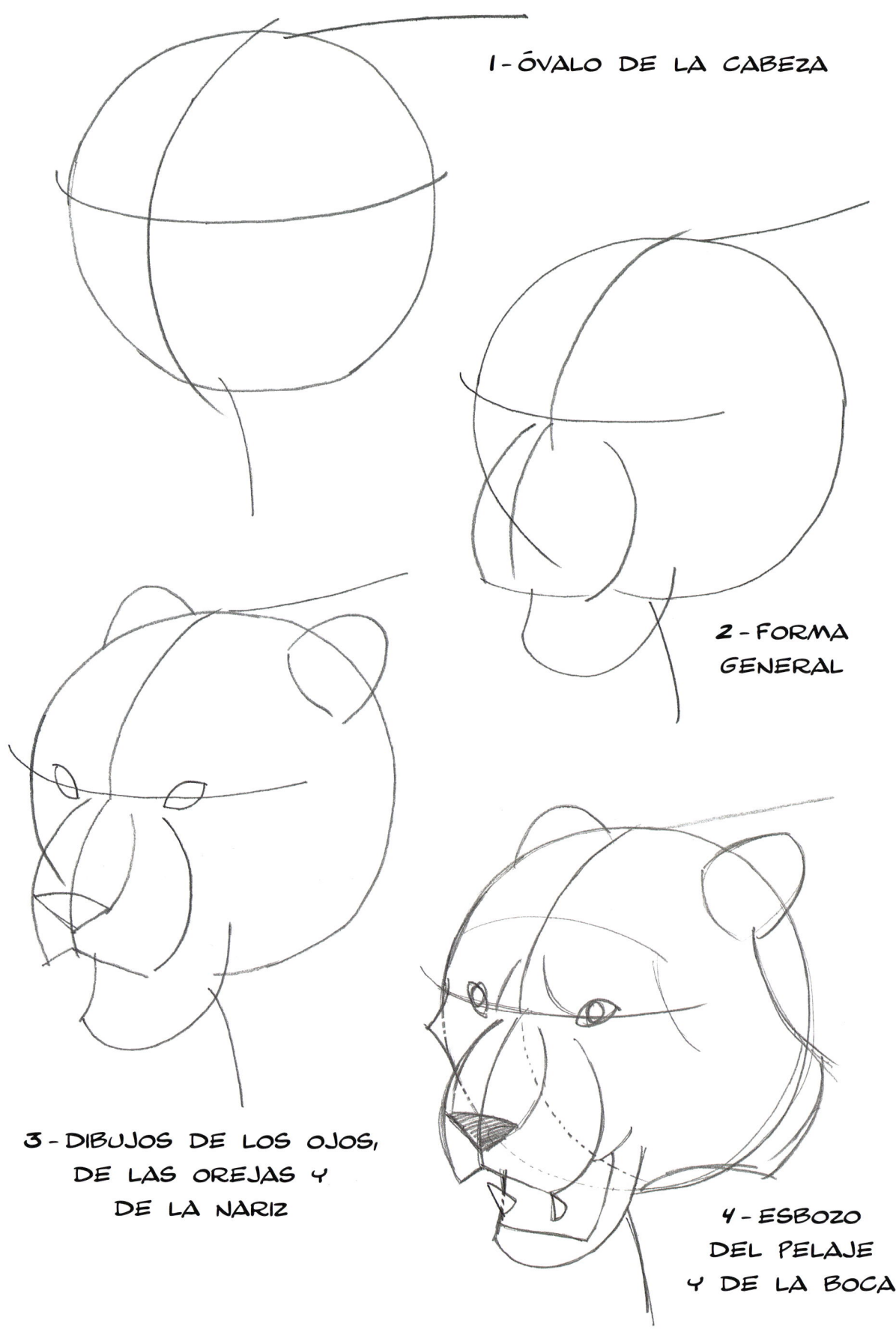

1 - ÓVALO DE LA CABEZA

2 - FORMA GENERAL

3 - DIBUJOS DE LOS OJOS, DE LAS OREJAS Y DE LA NARIZ

4 - ESBOZO DEL PELAJE Y DE LA BOCA

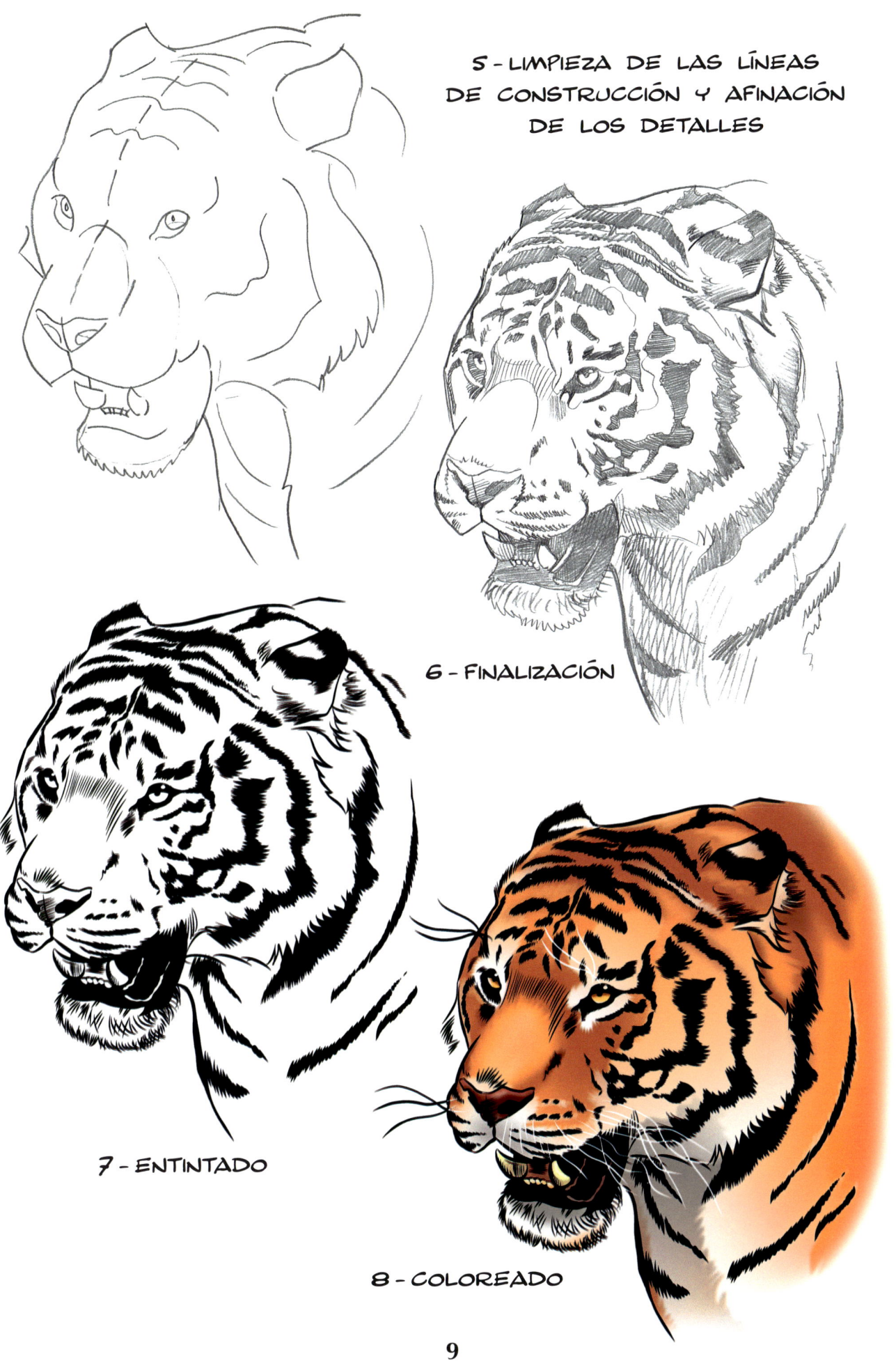

5 - LIMPIEZA DE LAS LÍNEAS DE CONSTRUCCIÓN Y AFINACIÓN DE LOS DETALLES

6 - FINALIZACIÓN

7 - ENTINTADO

8 - COLOREADO

# LA PANTERA NEGRA

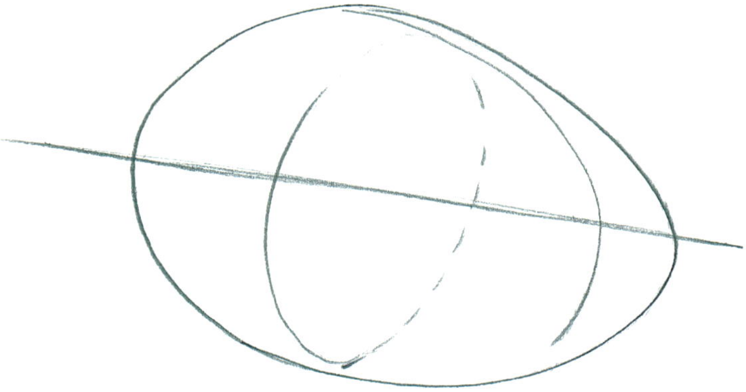

1 - ÓVALO DEL CUERPO

2 - COLOCACIÓN DE LA CABEZA

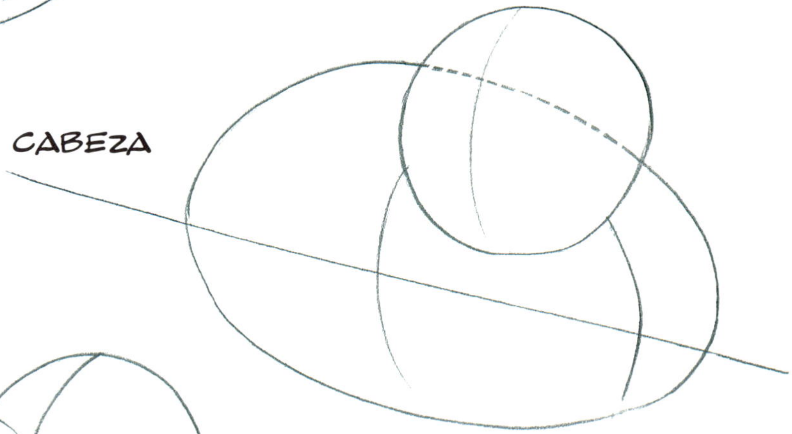

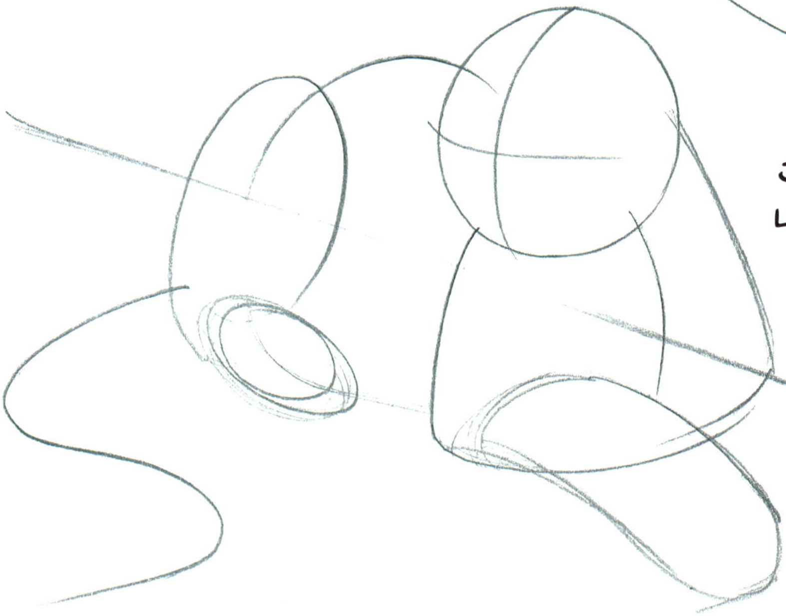

3 - ESBOZO DE LOS MIEMBROS

4 - ETAPAS DE LA CABEZA

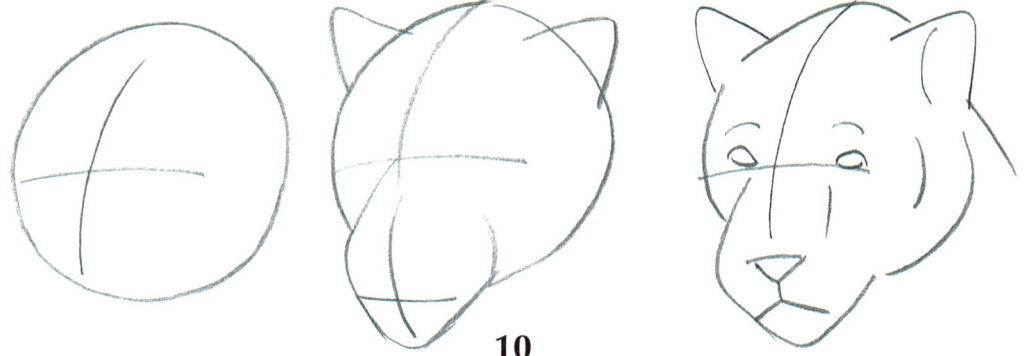

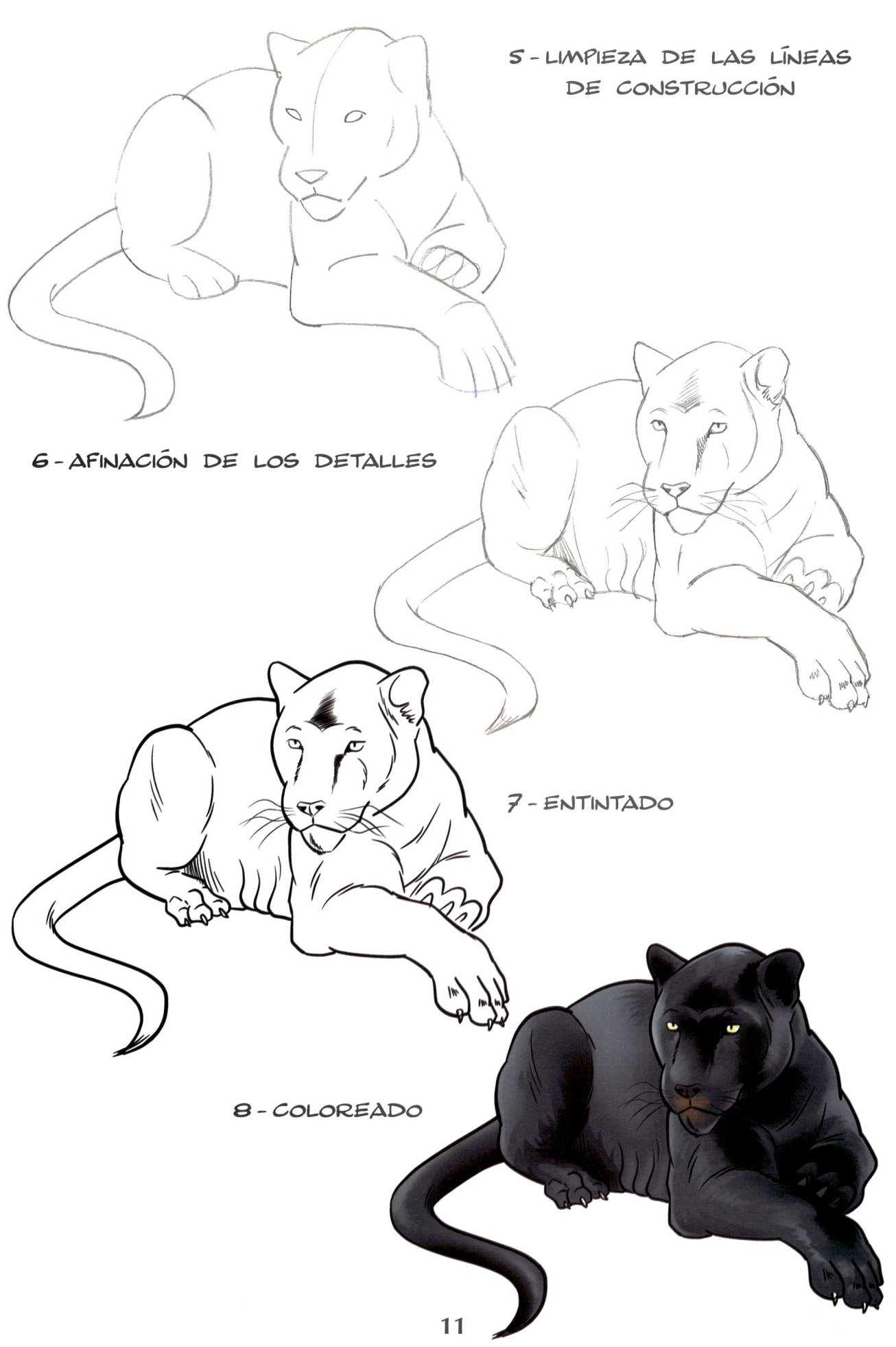

5 - LIMPIEZA DE LAS LÍNEAS DE CONSTRUCCIÓN

6 - AFINACIÓN DE LOS DETALLES

7 - ENTINTADO

8 - COLOREADO

# EL GUEPARDO

**1 - ÓVALO DEL CUERPO**

**2 - COLOCACIÓN DE LA CABEZA Y ESBOZO DE LOS MIEMBROS SUPERIORES**

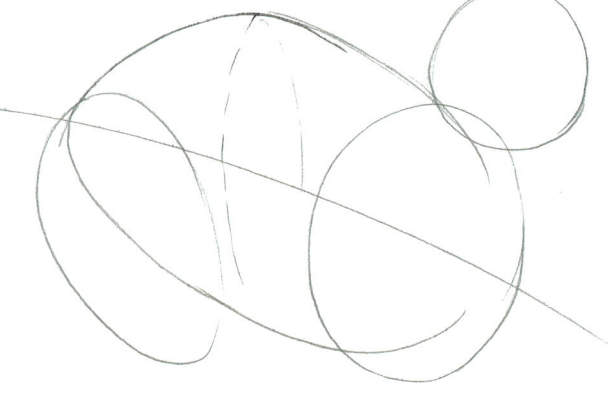

**3 - BOCETO DE LAS PATAS Y DE LA COLA**

**4 - ETAPAS DE LA CABEZA**

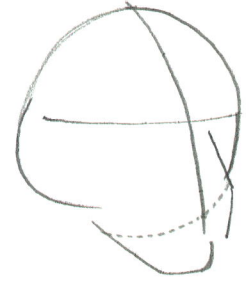 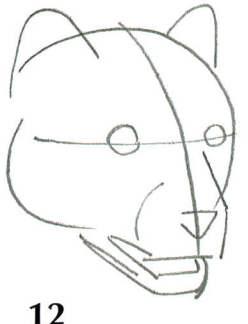 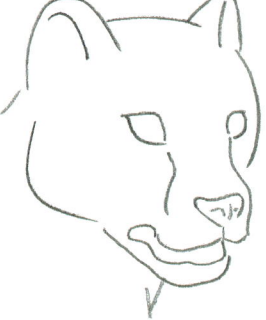

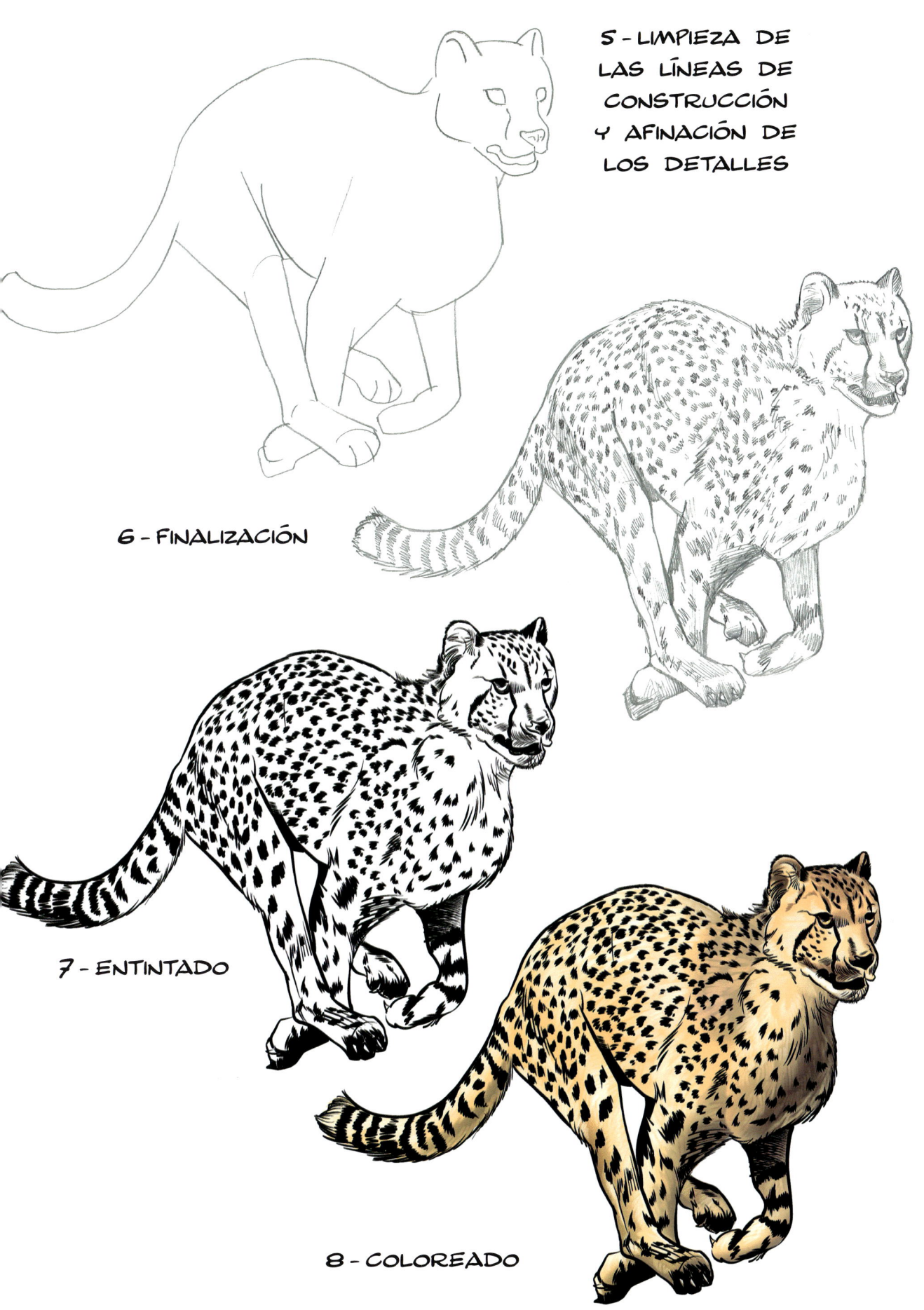

5 - LIMPIEZA DE LAS LÍNEAS DE CONSTRUCCIÓN Y AFINACIÓN DE LOS DETALLES

6 - FINALIZACIÓN

7 - ENTINTADO

8 - COLOREADO

# EL ELEFANTE

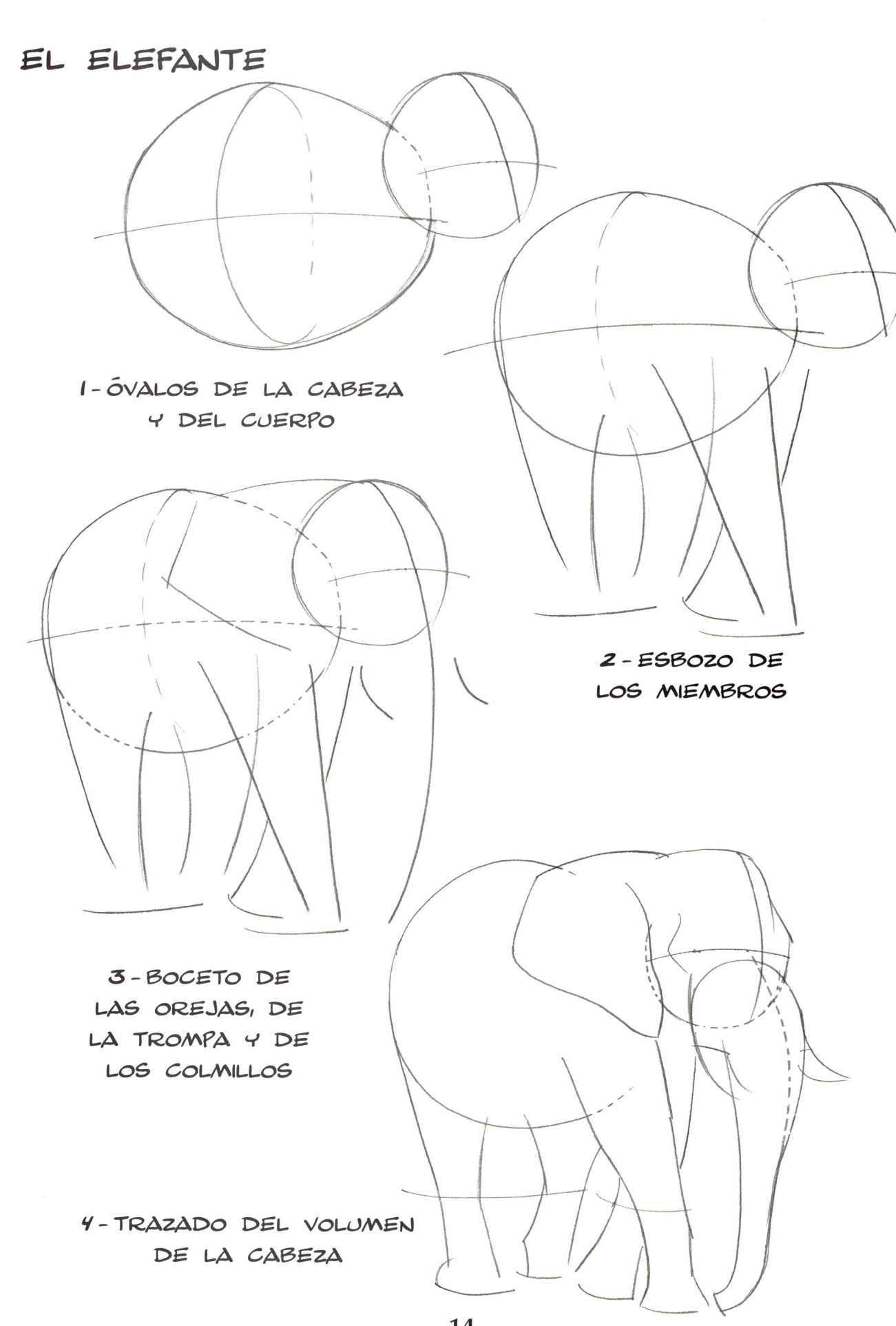

1 - ÓVALOS DE LA CABEZA
Y DEL CUERPO

2 - ESBOZO DE
LOS MIEMBROS

3 - BOCETO DE
LAS OREJAS, DE
LA TROMPA Y DE
LOS COLMILLOS

4 - TRAZADO DEL VOLUMEN
DE LA CABEZA

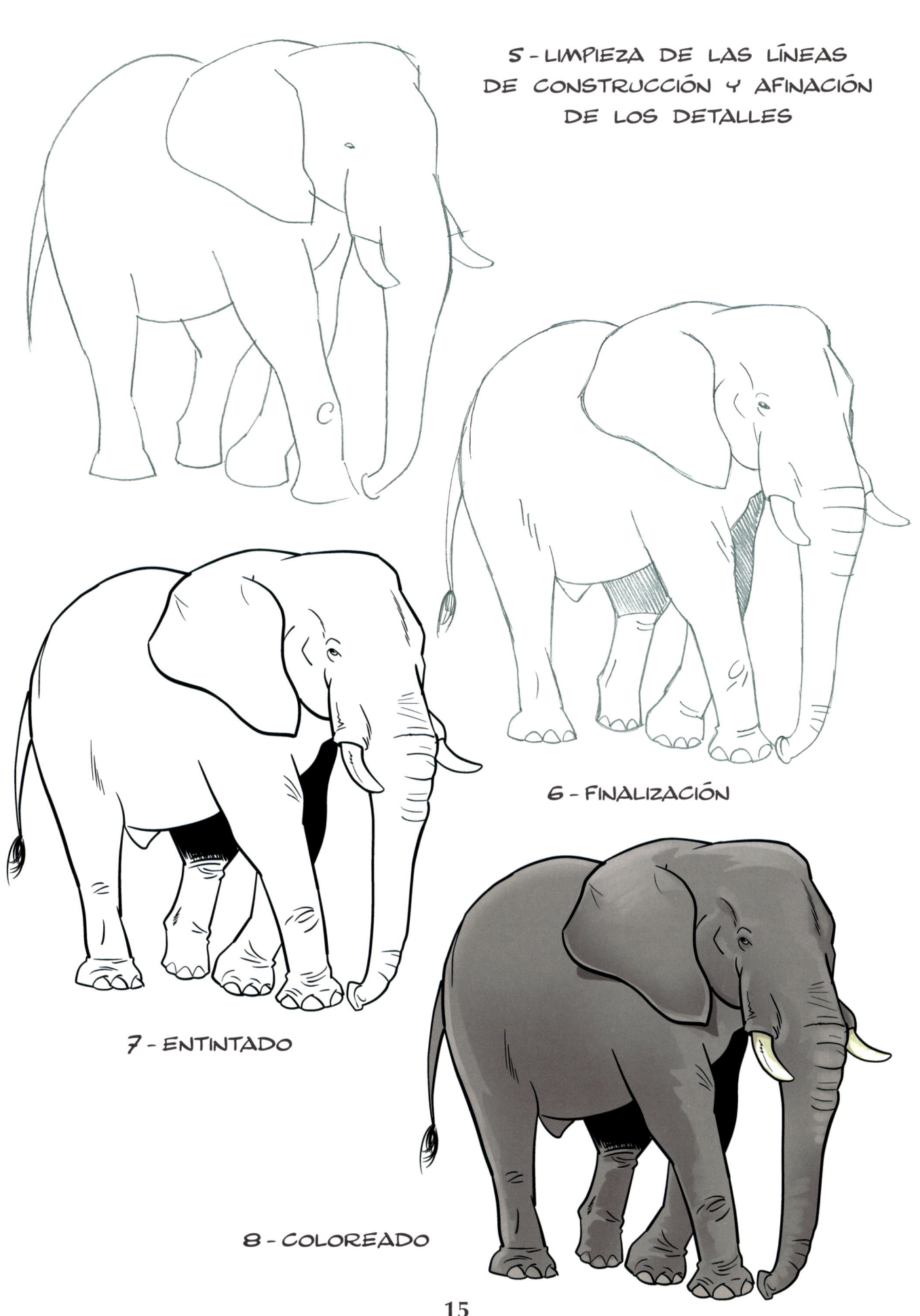

5 - LIMPIEZA DE LAS LÍNEAS
DE CONSTRUCCIÓN Y AFINACIÓN
DE LOS DETALLES

6 - FINALIZACIÓN

7 - ENTINTADO

8 - COLOREADO

# EL HIPOPÓTAMO

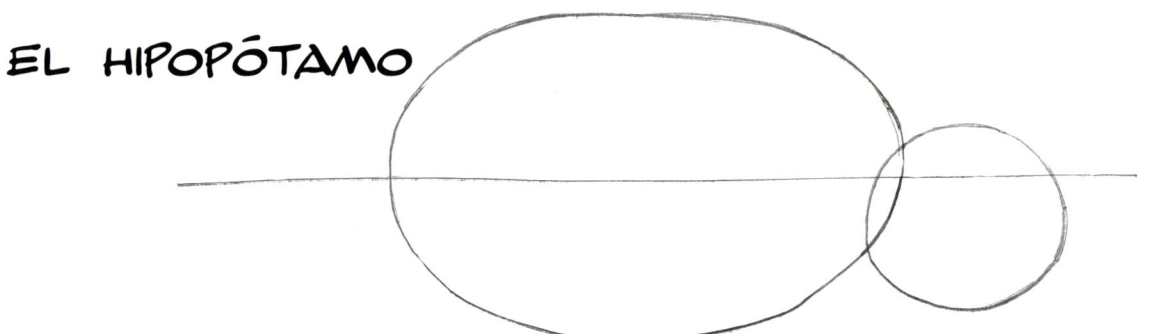

**1 - ÓVALOS DE LA CABEZA Y DEL CUERPO**

**2 - FORMA GENERAL**

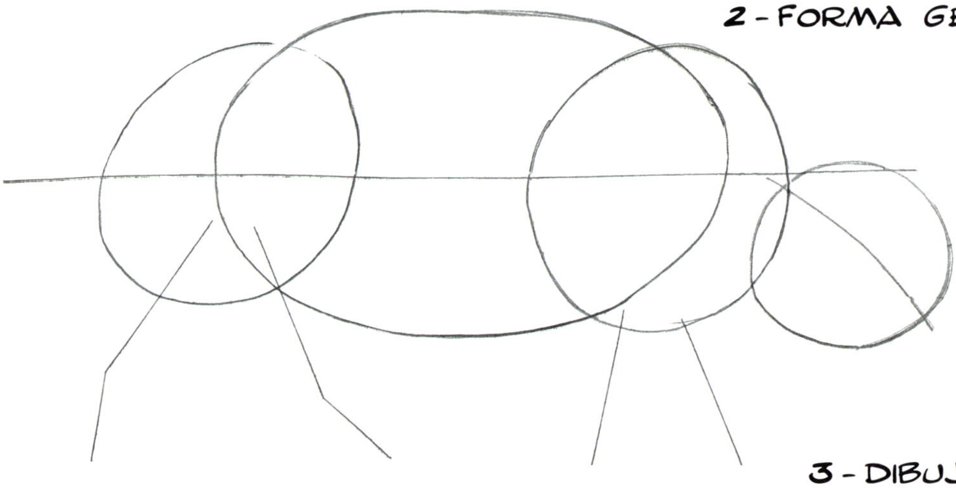

**3 - DIBUJO DE LAS PATAS**

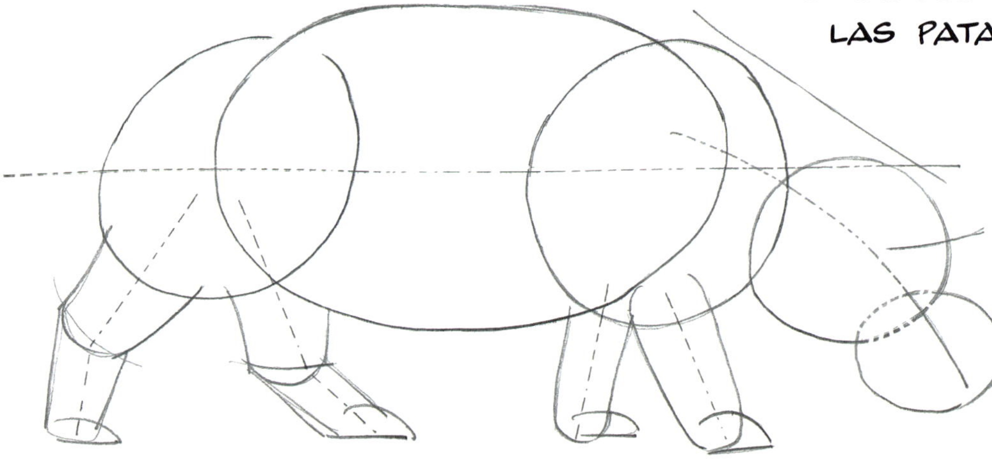

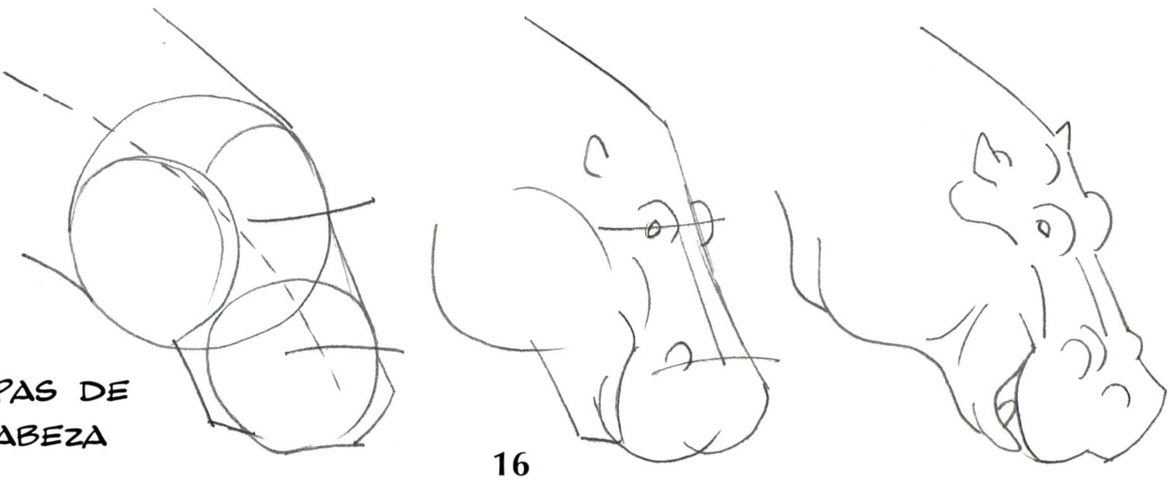

**4 - ETAPAS DE LA CABEZA**

16

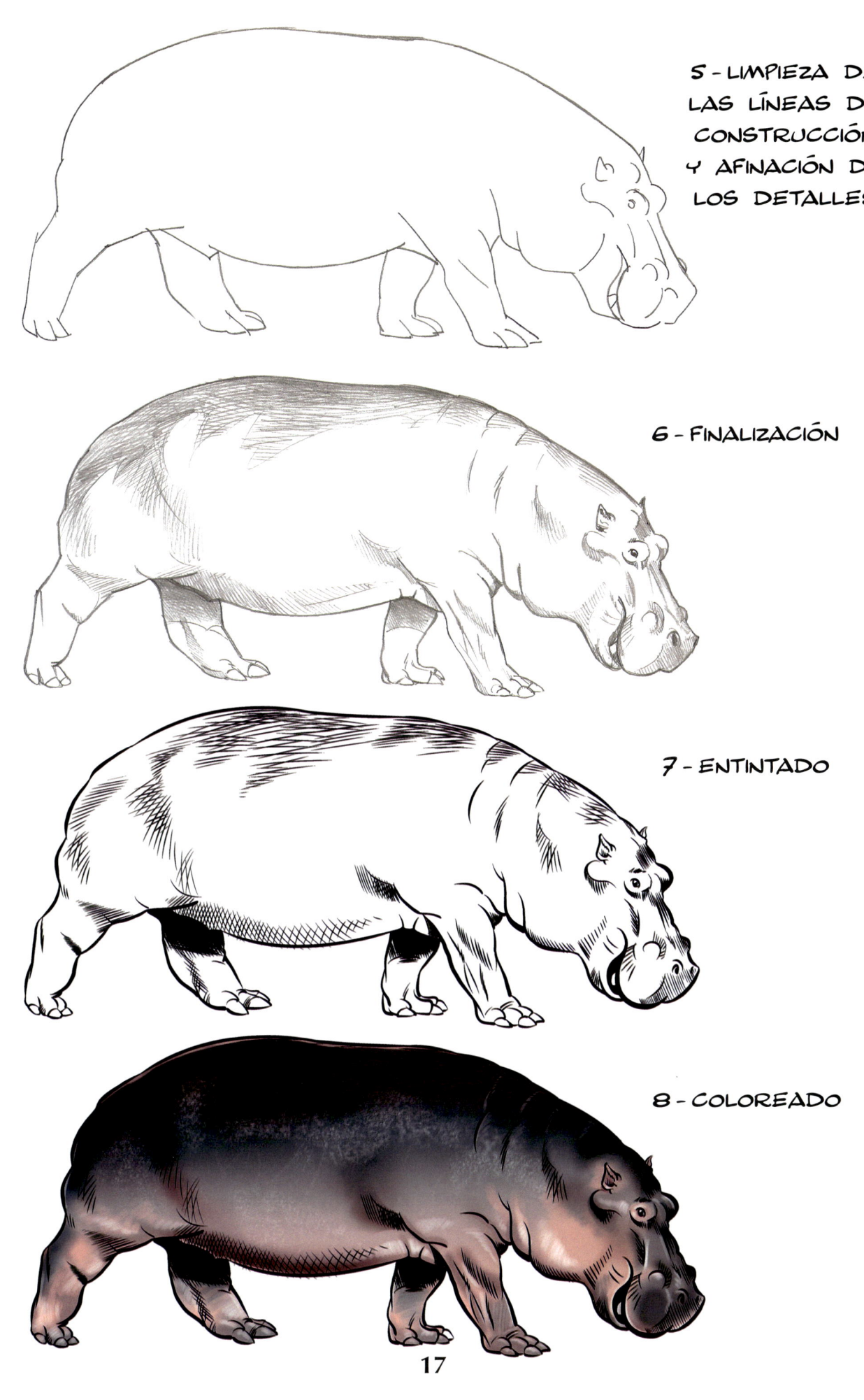

5 - LIMPIEZA DE LAS LÍNEAS DE CONSTRUCCIÓN Y AFINACIÓN DE LOS DETALLES

6 - FINALIZACIÓN

7 - ENTINTADO

8 - COLOREADO

# EL RINOCERONTE

1 - ÓVALOS DE LA CABEZA
Y DEL CUERPO

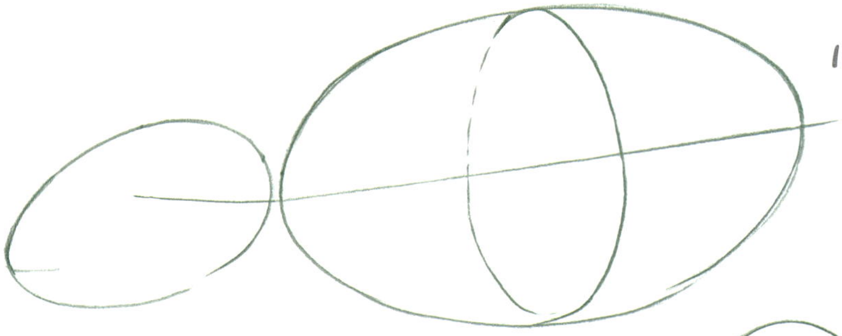

2 - ESBOZO DE
LOS MIEMBROS

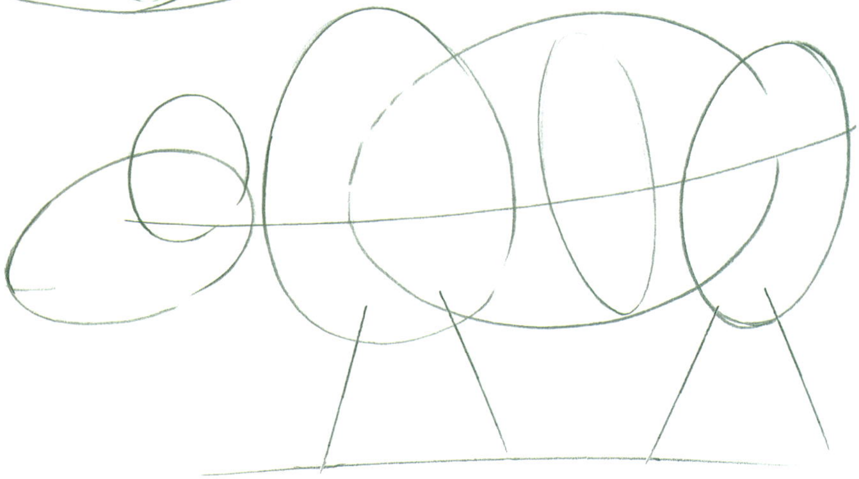

3 - BOCETO DE
LAS PATAS

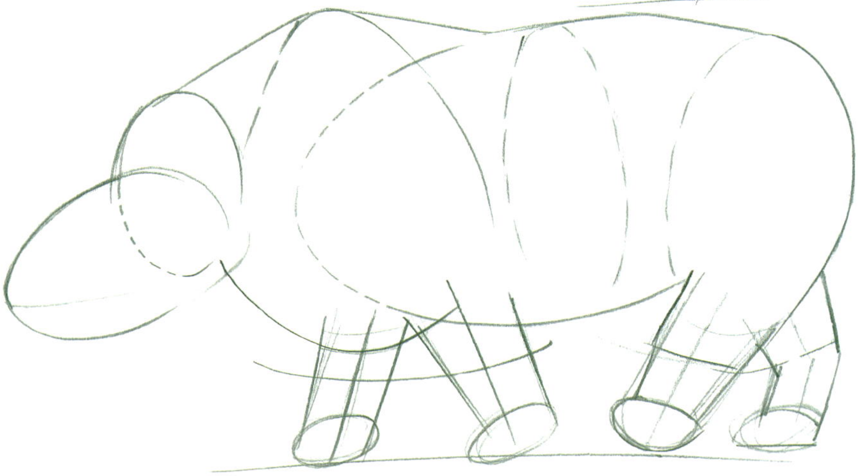

4 - ETAPAS DE LA CABEZA

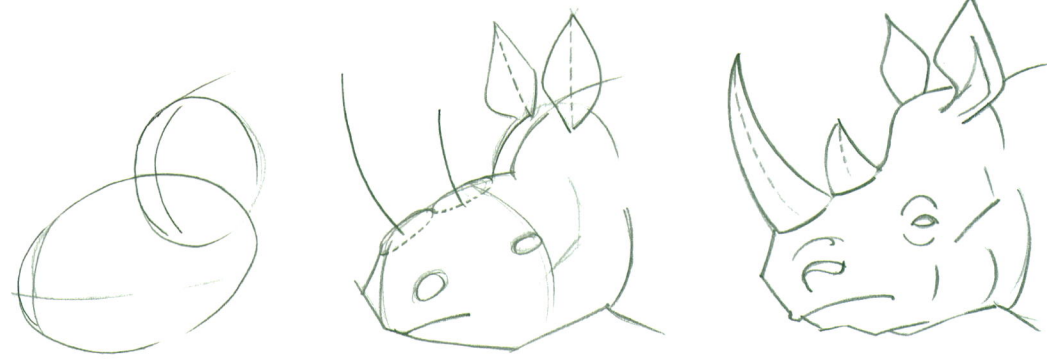

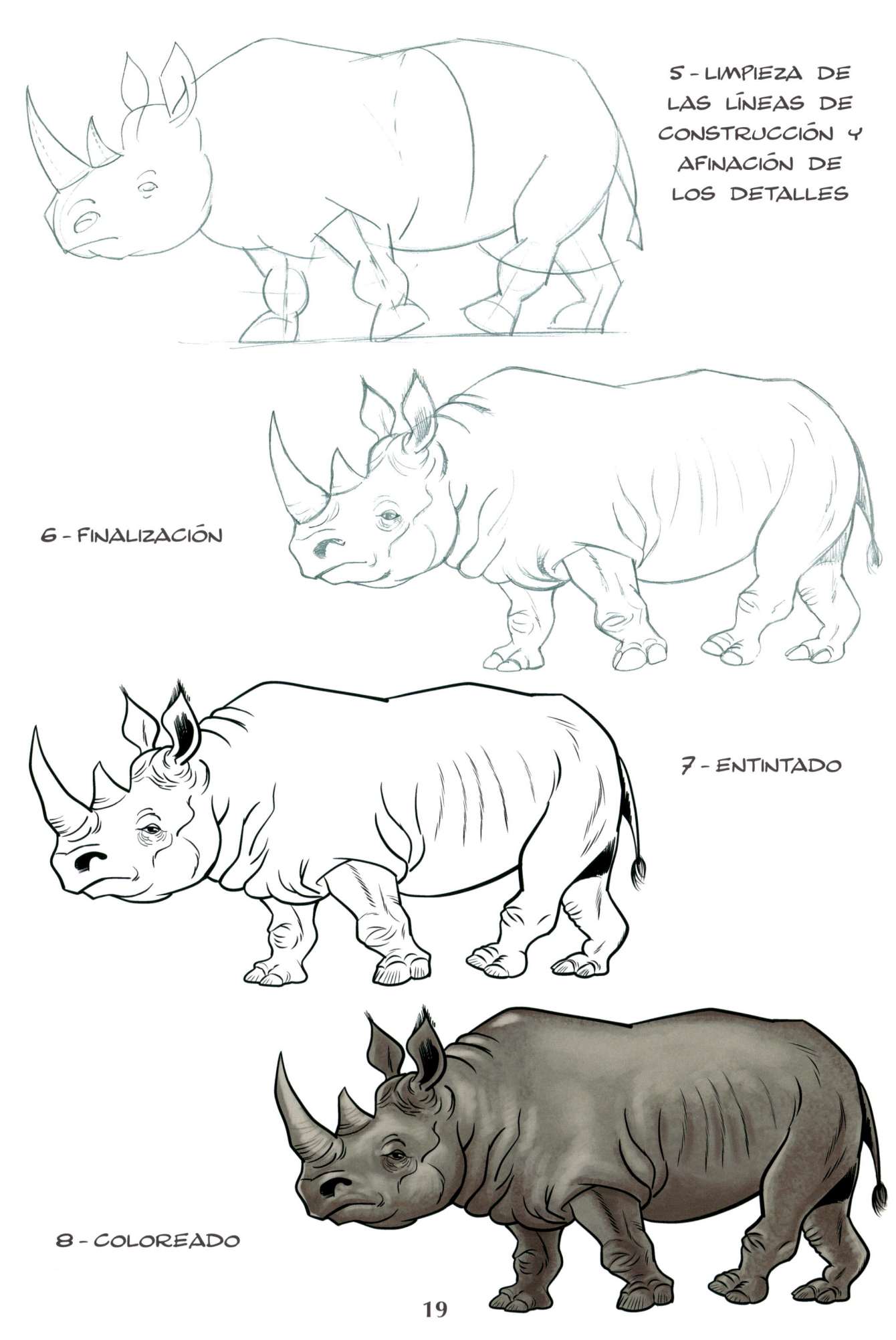

5 - LIMPIEZA DE LAS LÍNEAS DE CONSTRUCCIÓN Y AFINACIÓN DE LOS DETALLES

6 - FINALIZACIÓN

7 - ENTINTADO

8 - COLOREADO

# LA JIRAFA

1 - ÓVALOS DE LA
CABEZA Y DEL
CUERPO

2 - BOCETO DE
LAS PATAS

3 - TRAZADO DEL
VOLUMEN DE LOS
MIEMBROS

4 - ETAPAS DE LA CABEZA

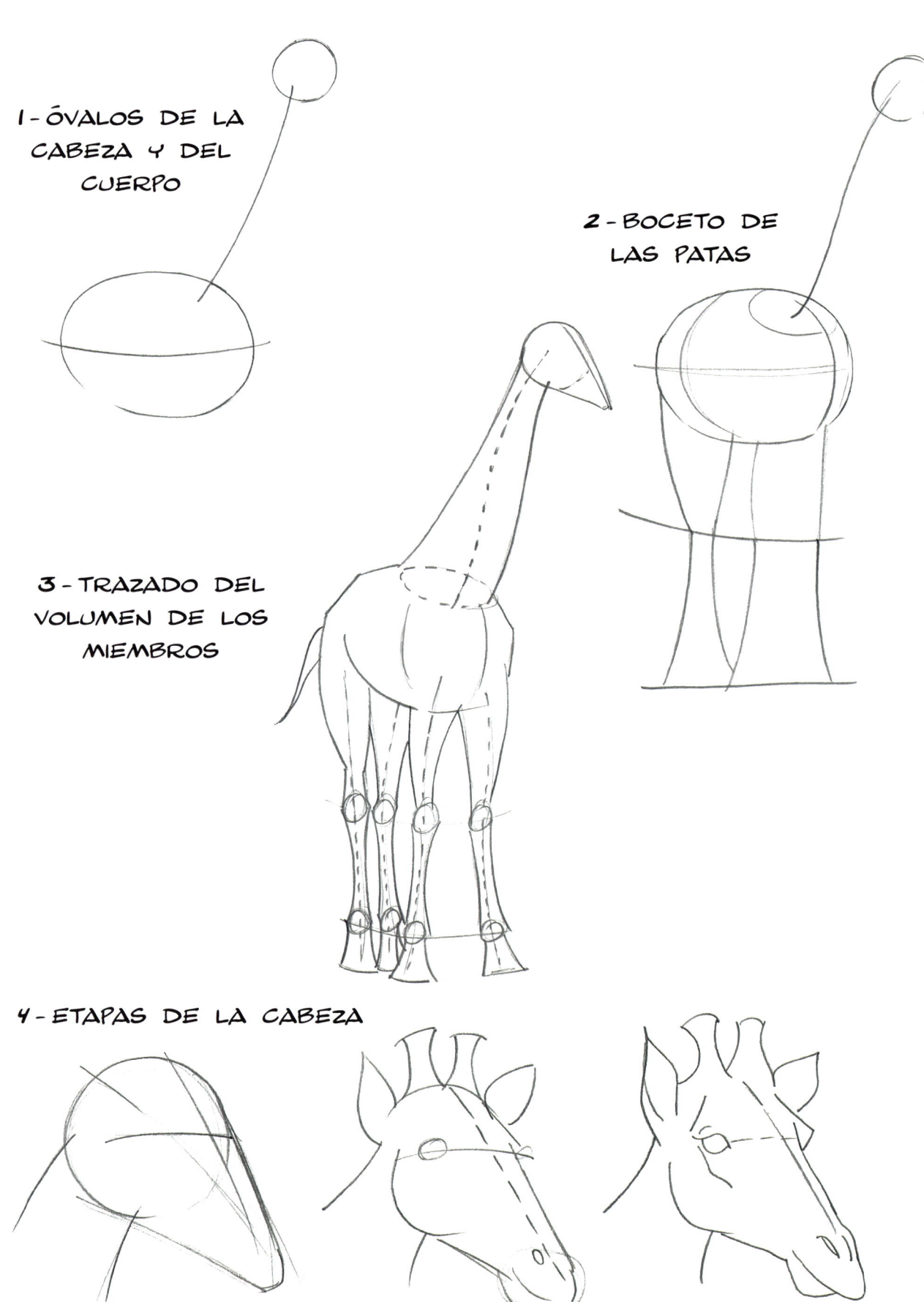

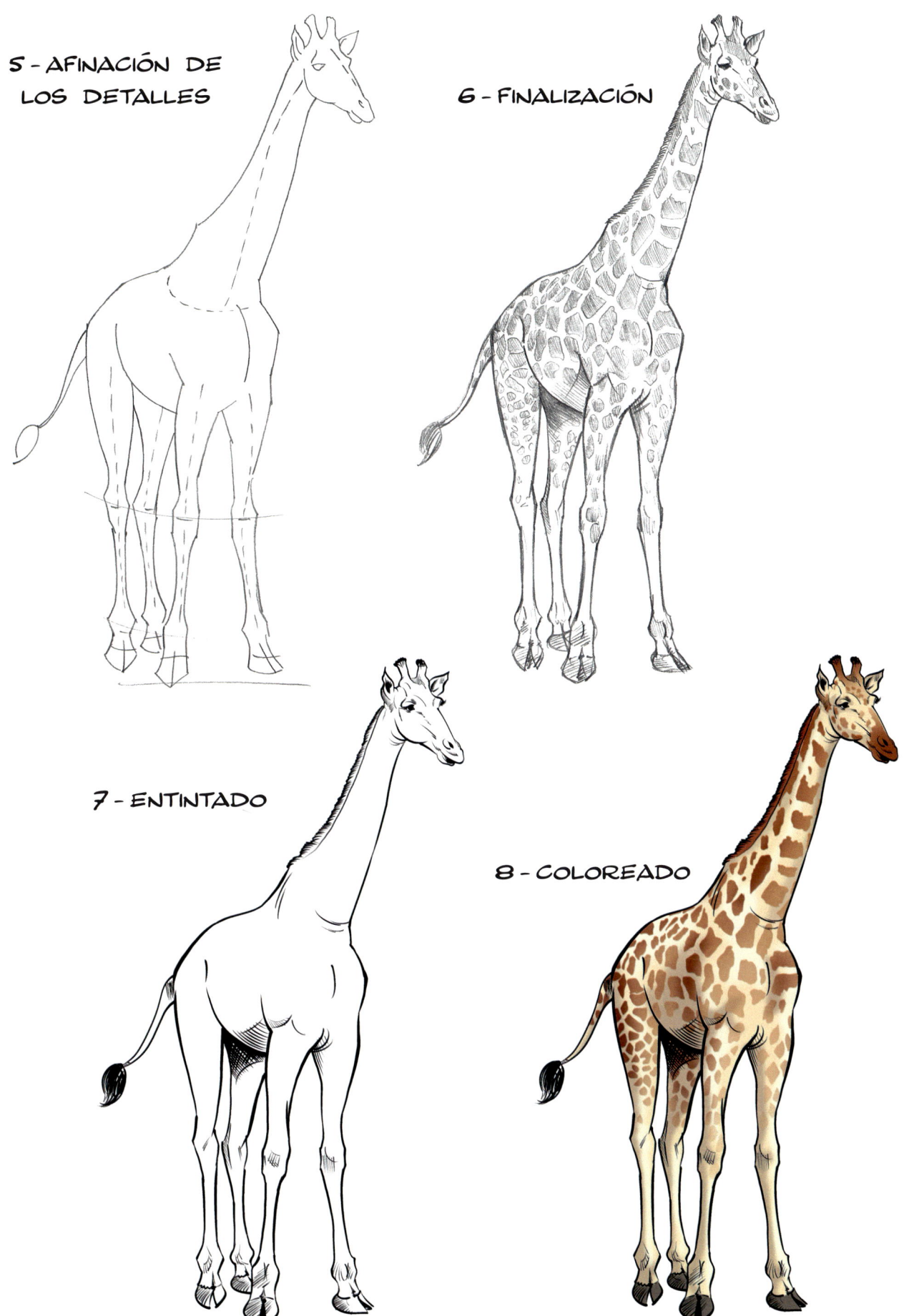

5 - AFINACIÓN DE
LOS DETALLES

6 - FINALIZACIÓN

7 - ENTINTADO

8 - COLOREADO

**21**

# EL CANGURO

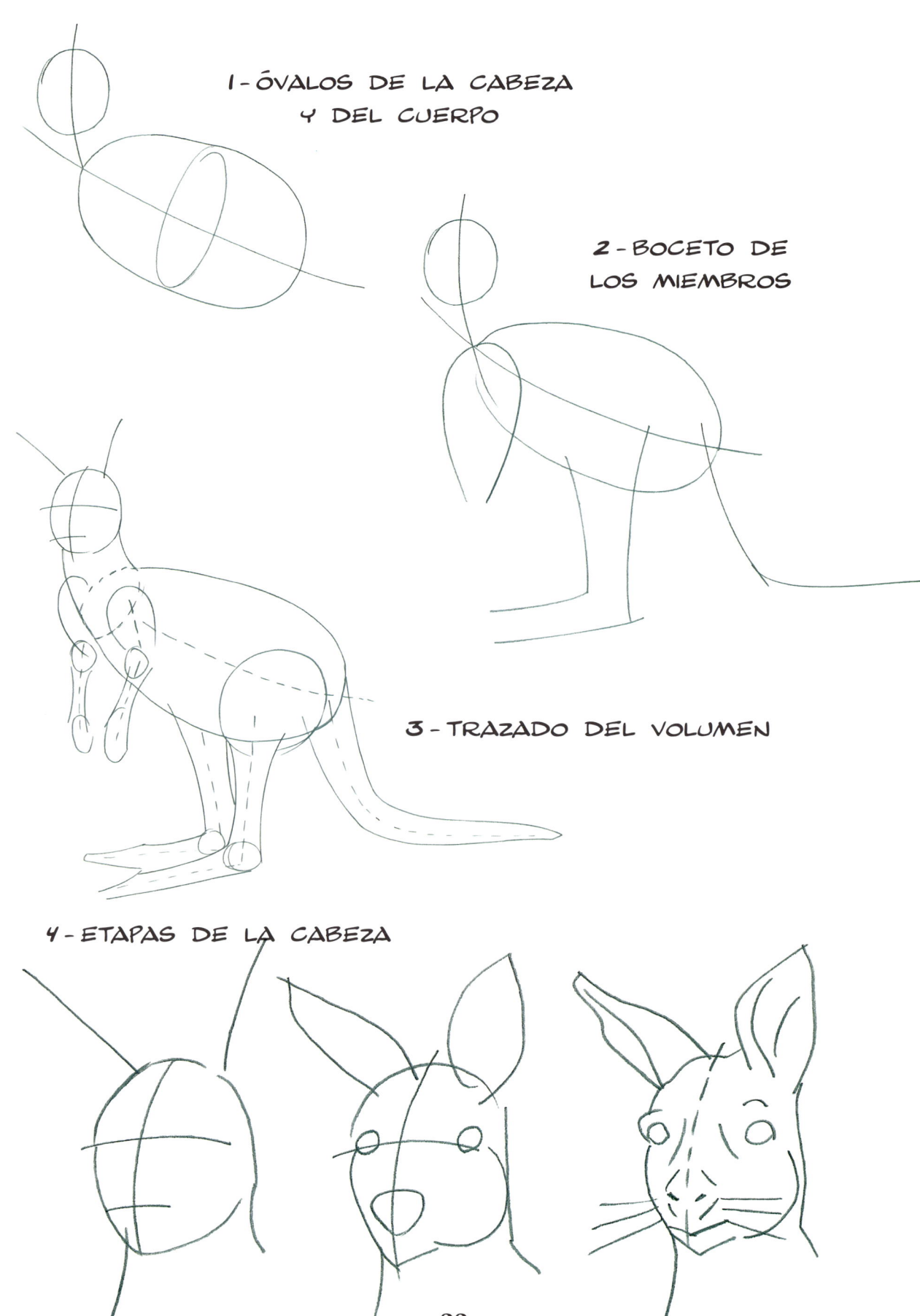

1 - ÓVALOS DE LA CABEZA
Y DEL CUERPO

2 - BOCETO DE
LOS MIEMBROS

3 - TRAZADO DEL VOLUMEN

4 - ETAPAS DE LA CABEZA

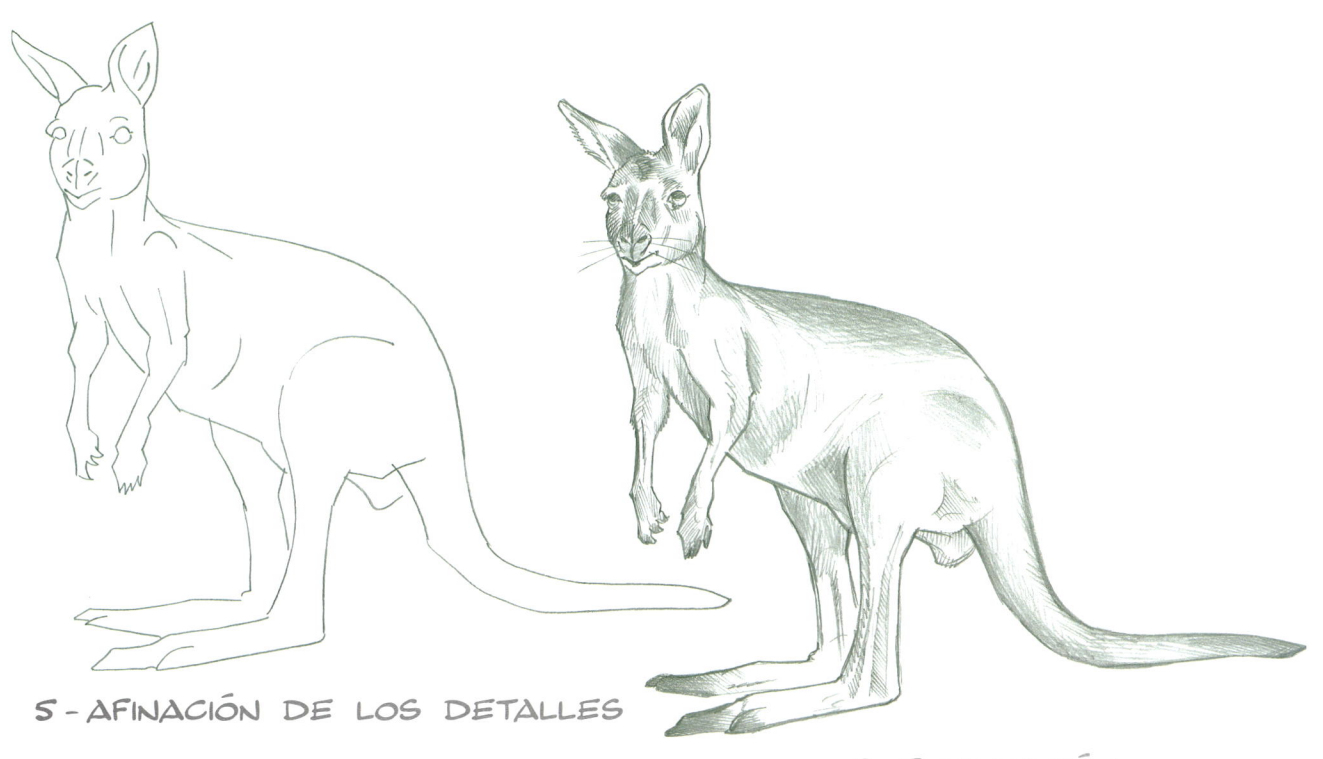

5 - AFINACIÓN DE LOS DETALLES

6 - FINALIZACIÓN

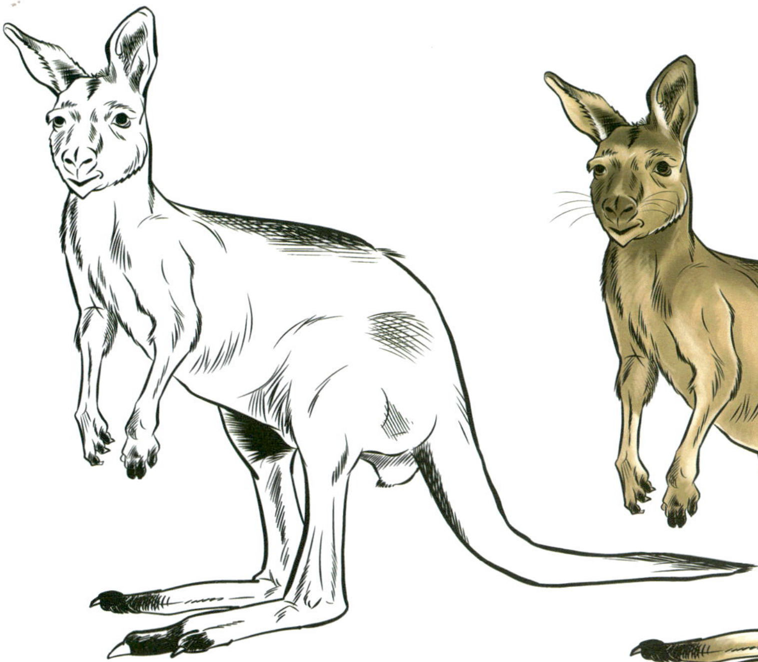

7 - ENTINTADO

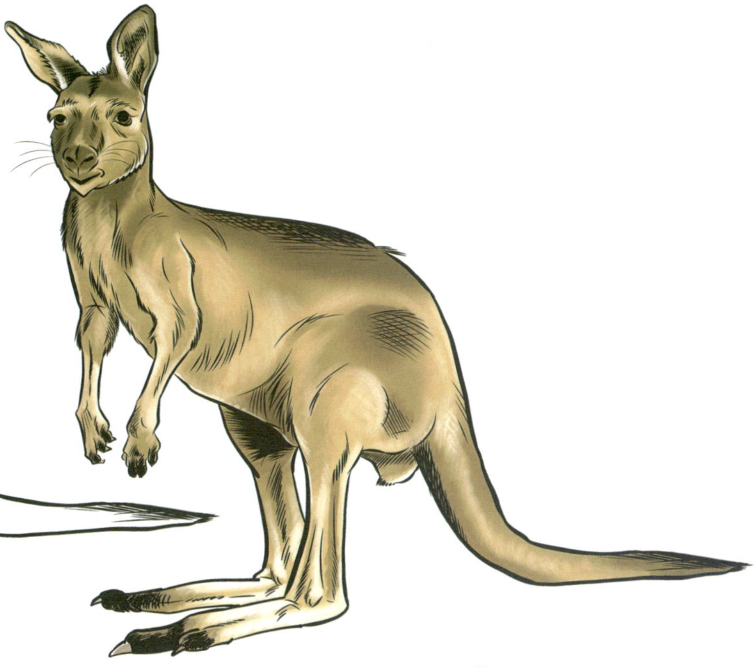

8 - COLOREADO

# EL JABALÍ VERRUGOSO

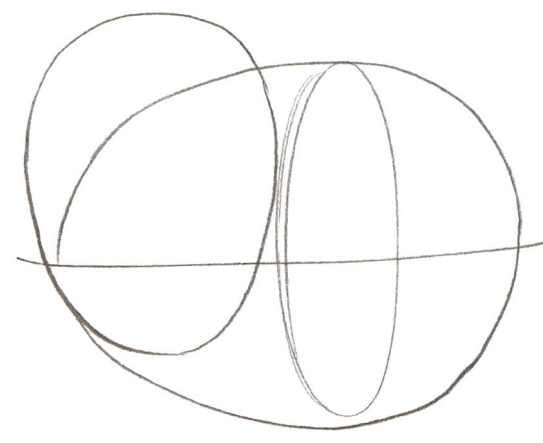

**1 - ÓVALOS DE LA CABEZA Y DEL CUERPO**

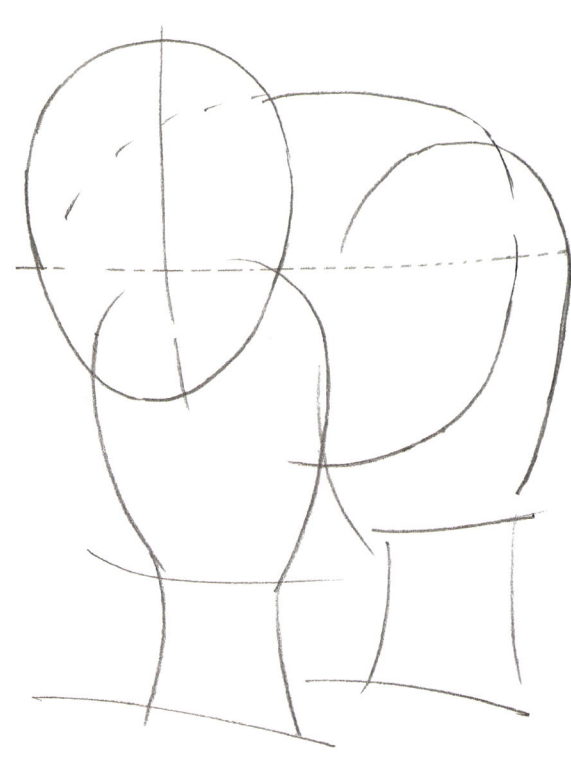

**2 - BOCETO DE LOS MIEMBROS**

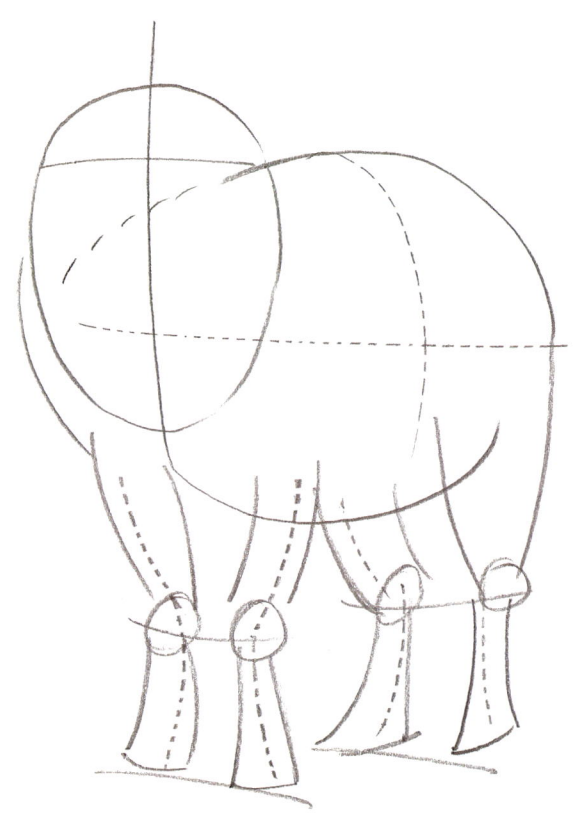

**3 - BOCETO DE LAS PATAS**

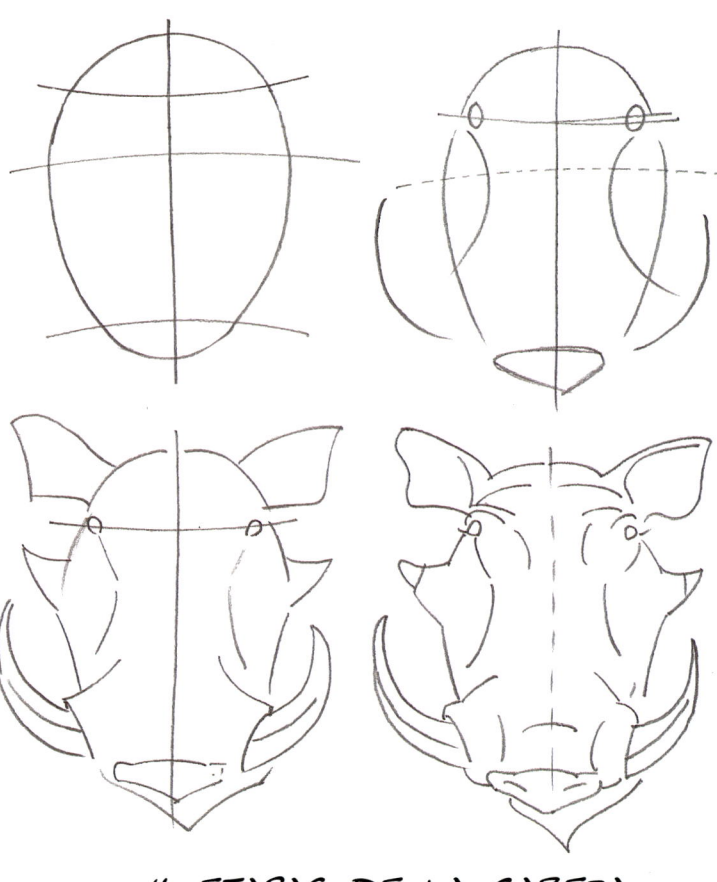

**4 - ETAPAS DE LA CABEZA**

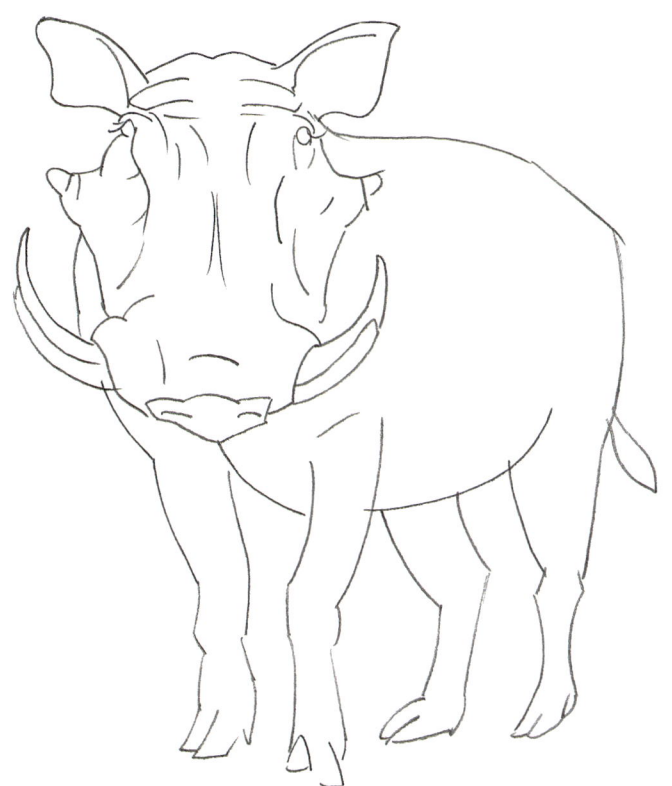

5 - AFINACIÓN DE LOS DETALLES

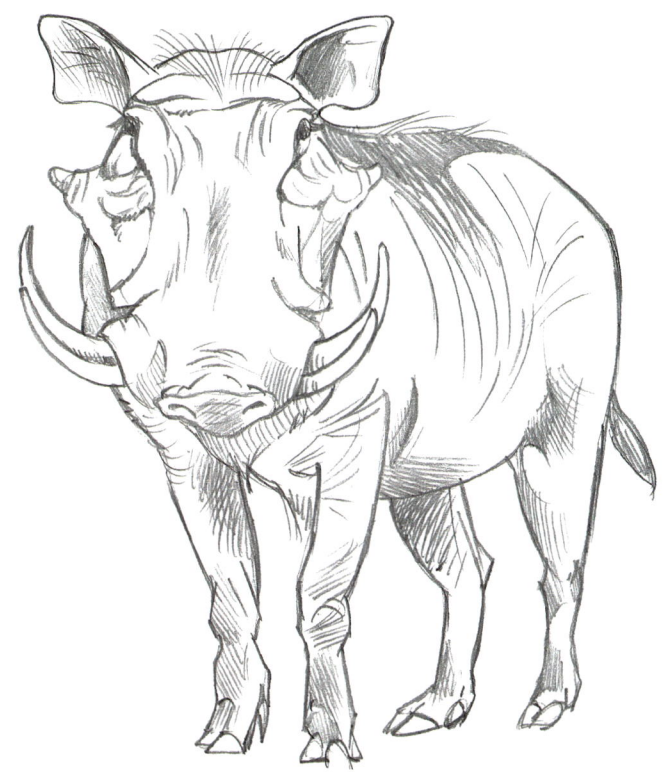

6 - FINALIZACIÓN

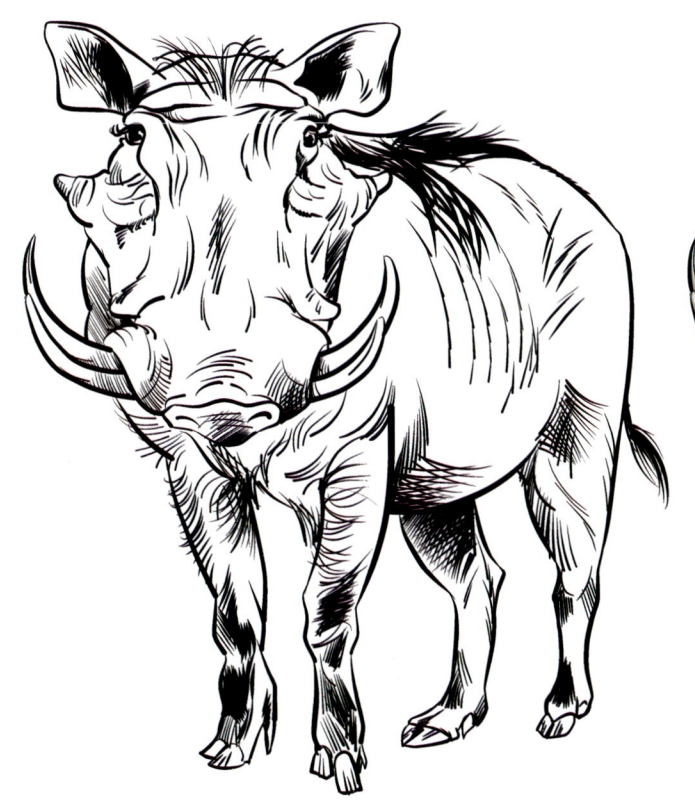

7 - ENTINTADO

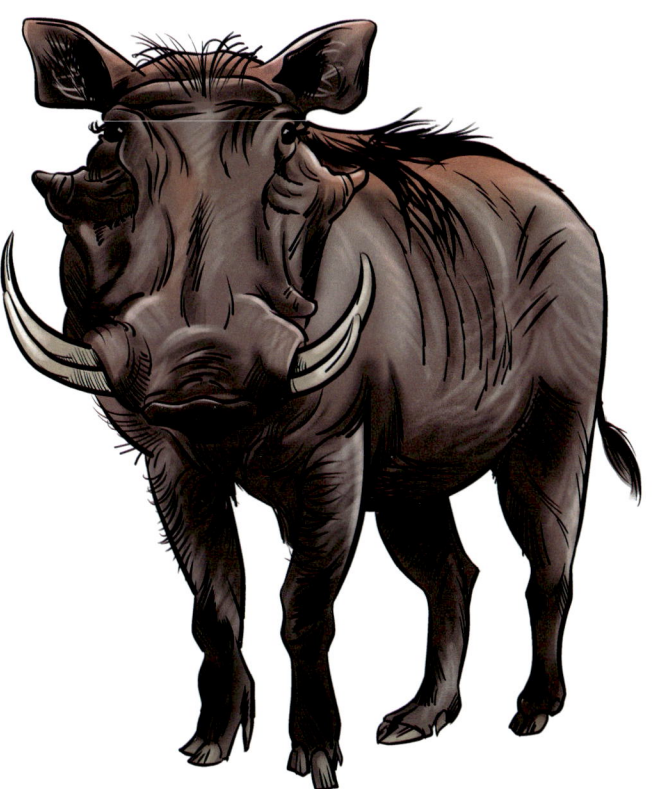

8 - COLOREADO

# LA GACELA

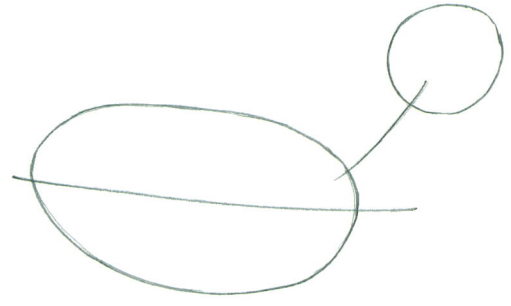

**1- ÓVALOS DE LA CABEZA
Y DEL CUERPO**

**2- BOCETO DE
LAS PATAS**

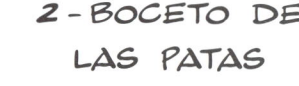

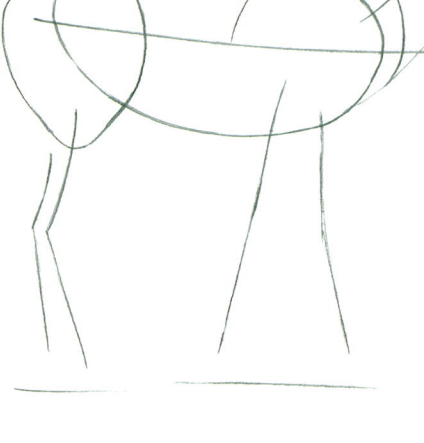

**3- TRAZADO DEL VOLUMEN
DE LOS MIEMBROS**

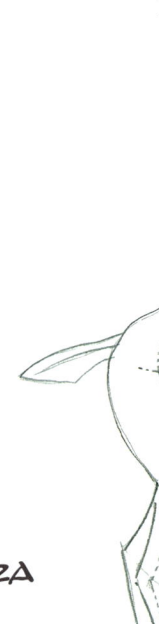

**4- DIBUJO DE LA CABEZA**

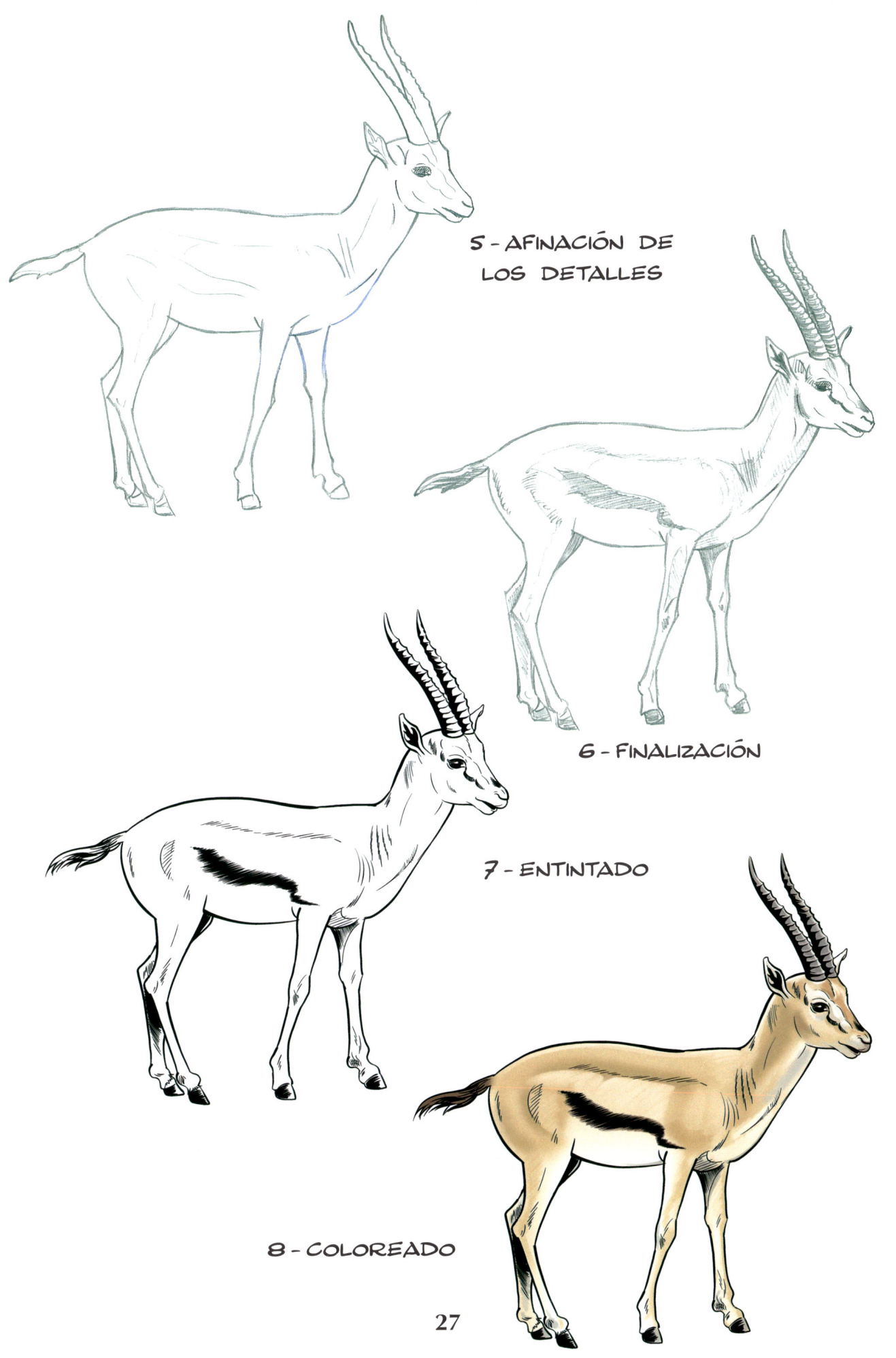

5 - AFINACIÓN DE LOS DETALLES

6 - FINALIZACIÓN

7 - ENTINTADO

8 - COLOREADO

27

# EL COCODRILO

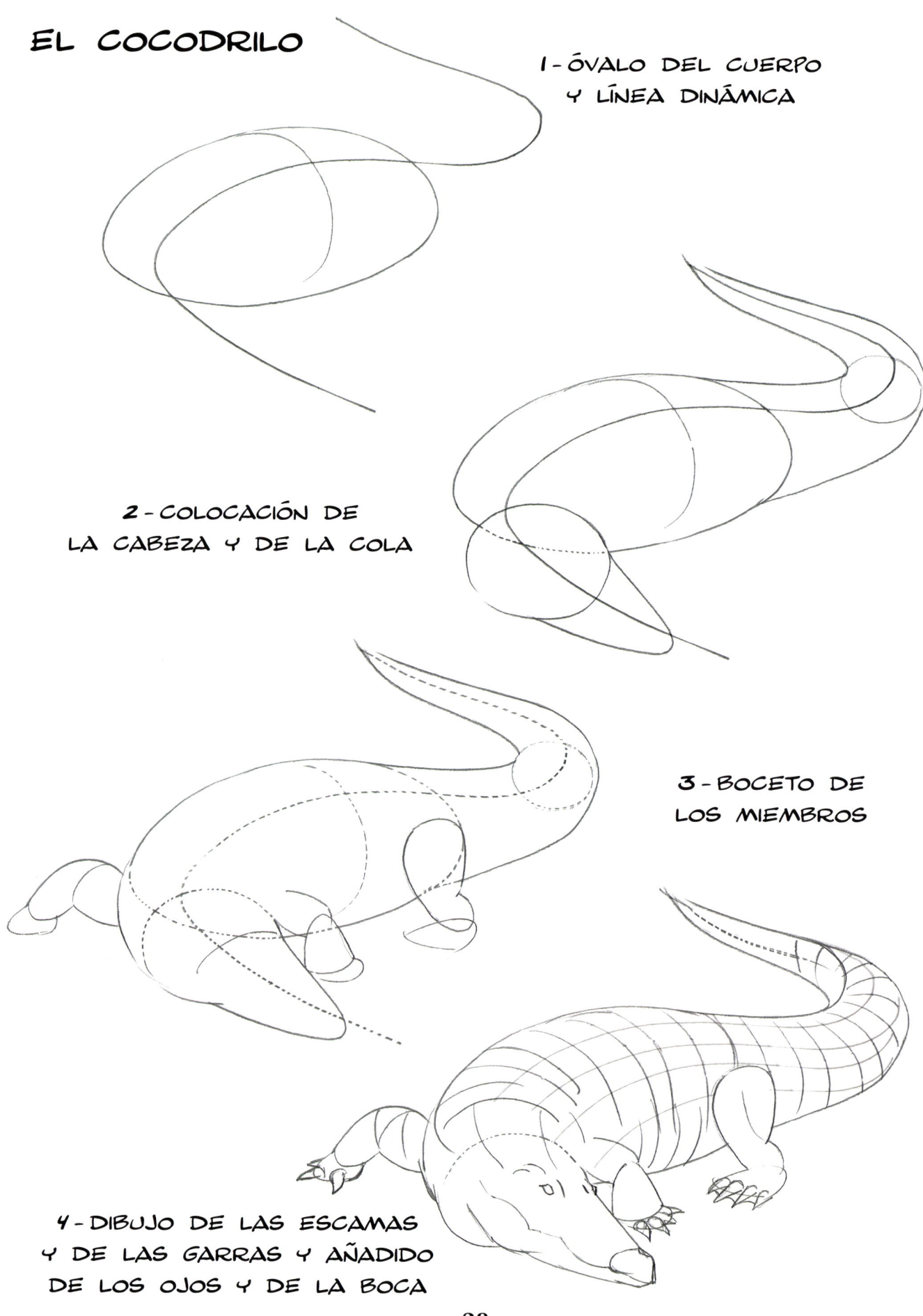

1 - ÓVALO DEL CUERPO
Y LÍNEA DINÁMICA

2 - COLOCACIÓN DE
LA CABEZA Y DE LA COLA

3 - BOCETO DE
LOS MIEMBROS

4 - DIBUJO DE LAS ESCAMAS
Y DE LAS GARRAS Y AÑADIDO
DE LOS OJOS Y DE LA BOCA

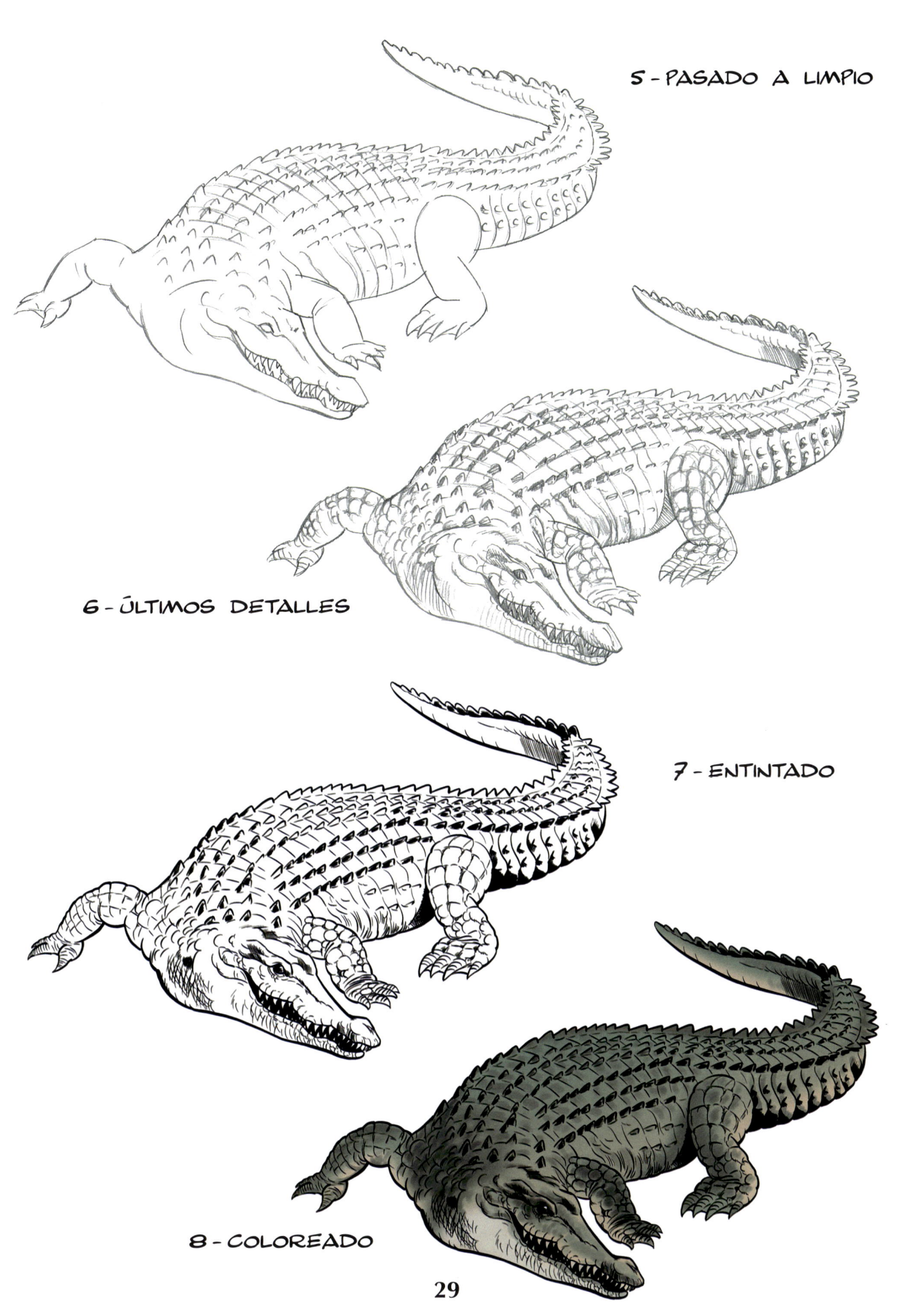

5 - PASADO A LIMPIO

6 - ÚLTIMOS DETALLES

7 - ENTINTADO

8 - COLOREADO

# EL OSO POLAR

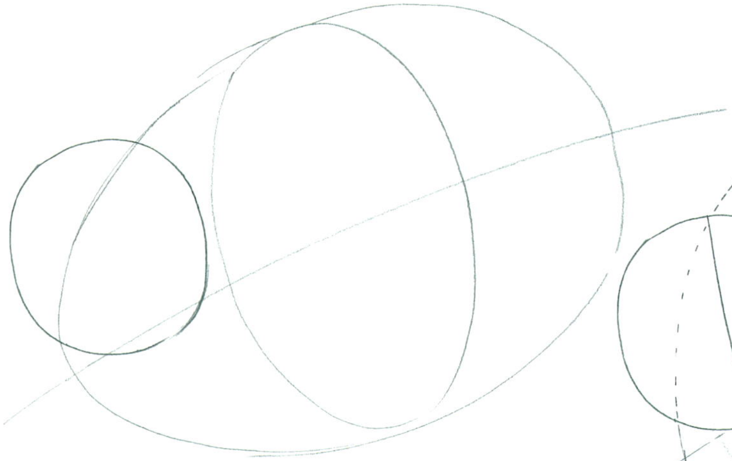

**1 - ÓVALOS DE LA CABEZA Y DEL CUERPO**

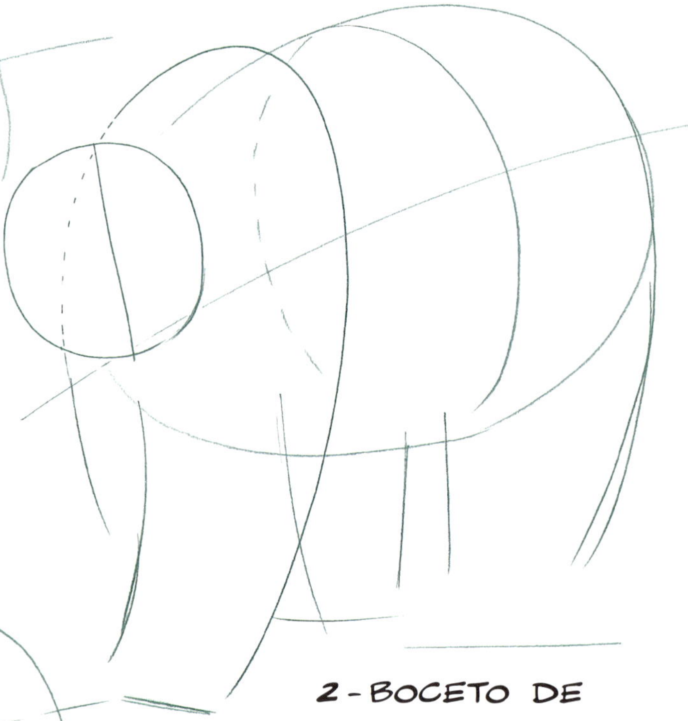

**2 - BOCETO DE LOS MIEMBROS**

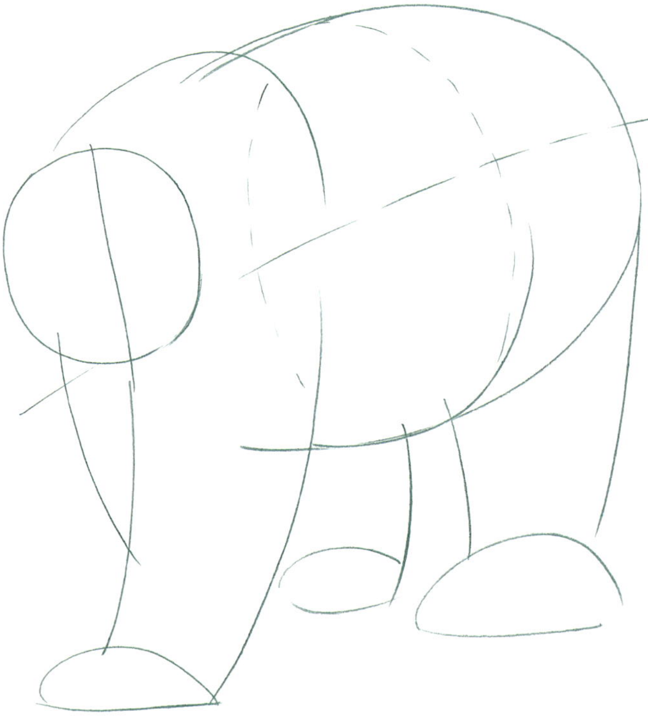

**3 - ESBOZO DE LAS PATAS**

**4 - ETAPAS DE LA CABEZA**

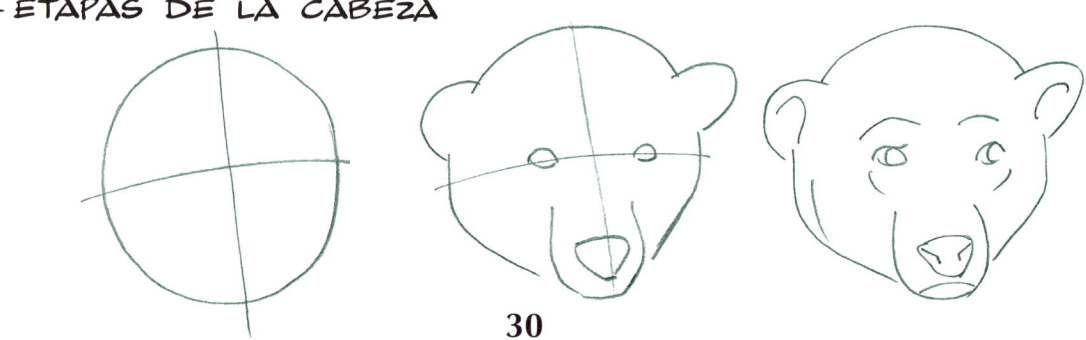

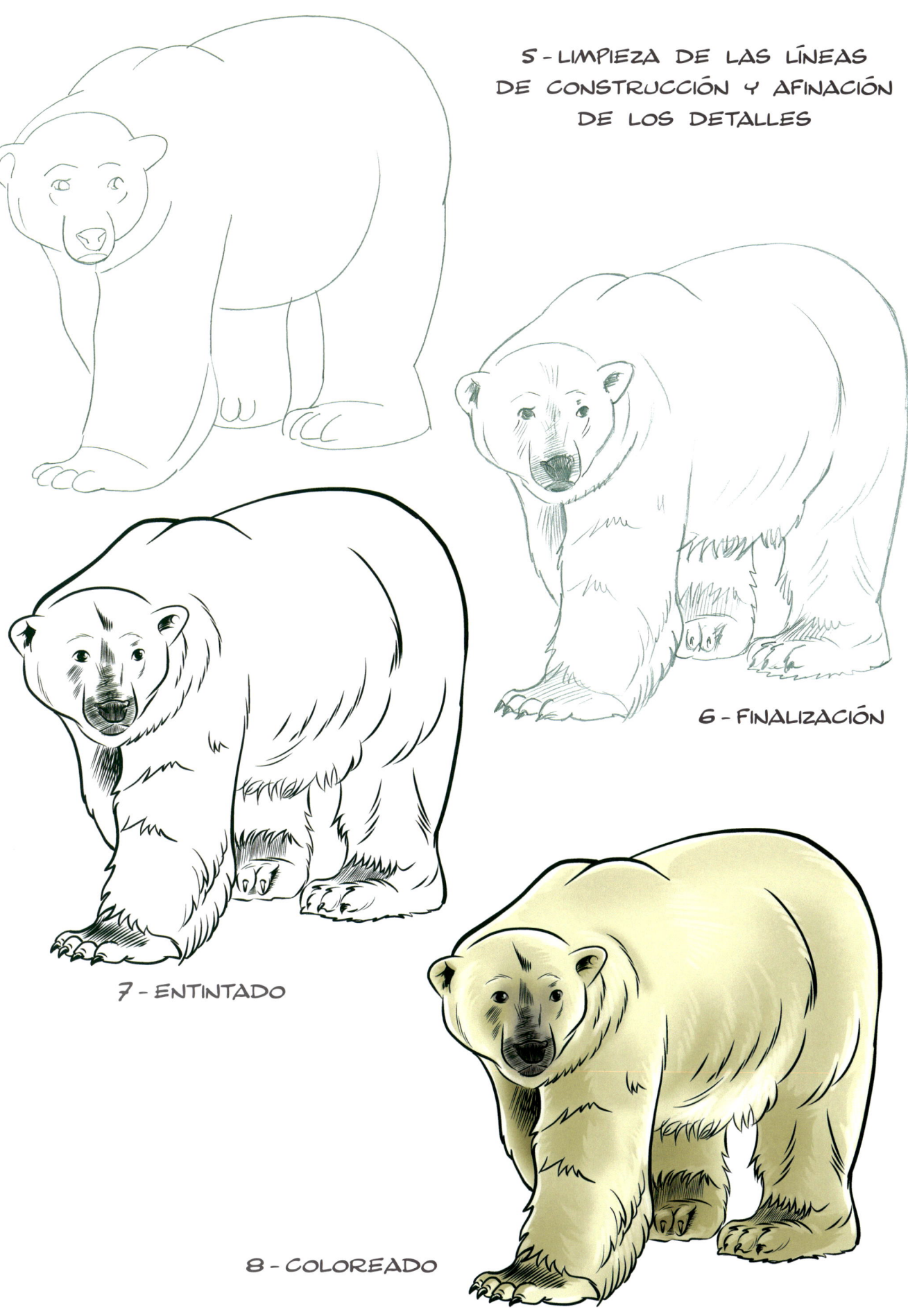

5 - LIMPIEZA DE LAS LÍNEAS DE CONSTRUCCIÓN Y AFINACIÓN DE LOS DETALLES

6 - FINALIZACIÓN

7 - ENTINTADO

8 - COLOREADO

# EL OSO PANDA

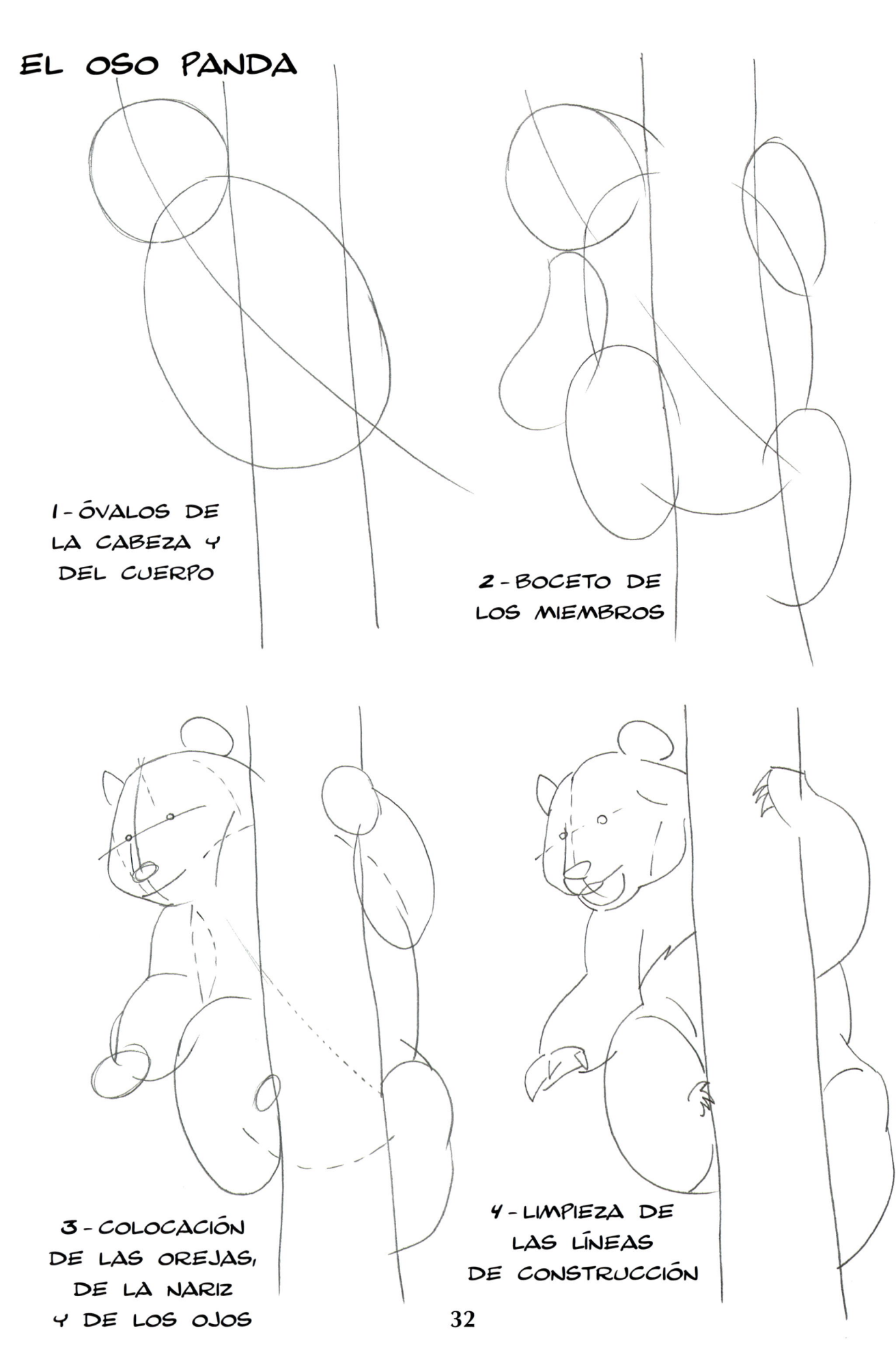

1 - ÓVALOS DE
LA CABEZA Y
DEL CUERPO

2 - BOCETO DE
LOS MIEMBROS

3 - COLOCACIÓN
DE LAS OREJAS,
DE LA NARIZ
Y DE LOS OJOS

4 - LIMPIEZA DE
LAS LÍNEAS
DE CONSTRUCCIÓN

32

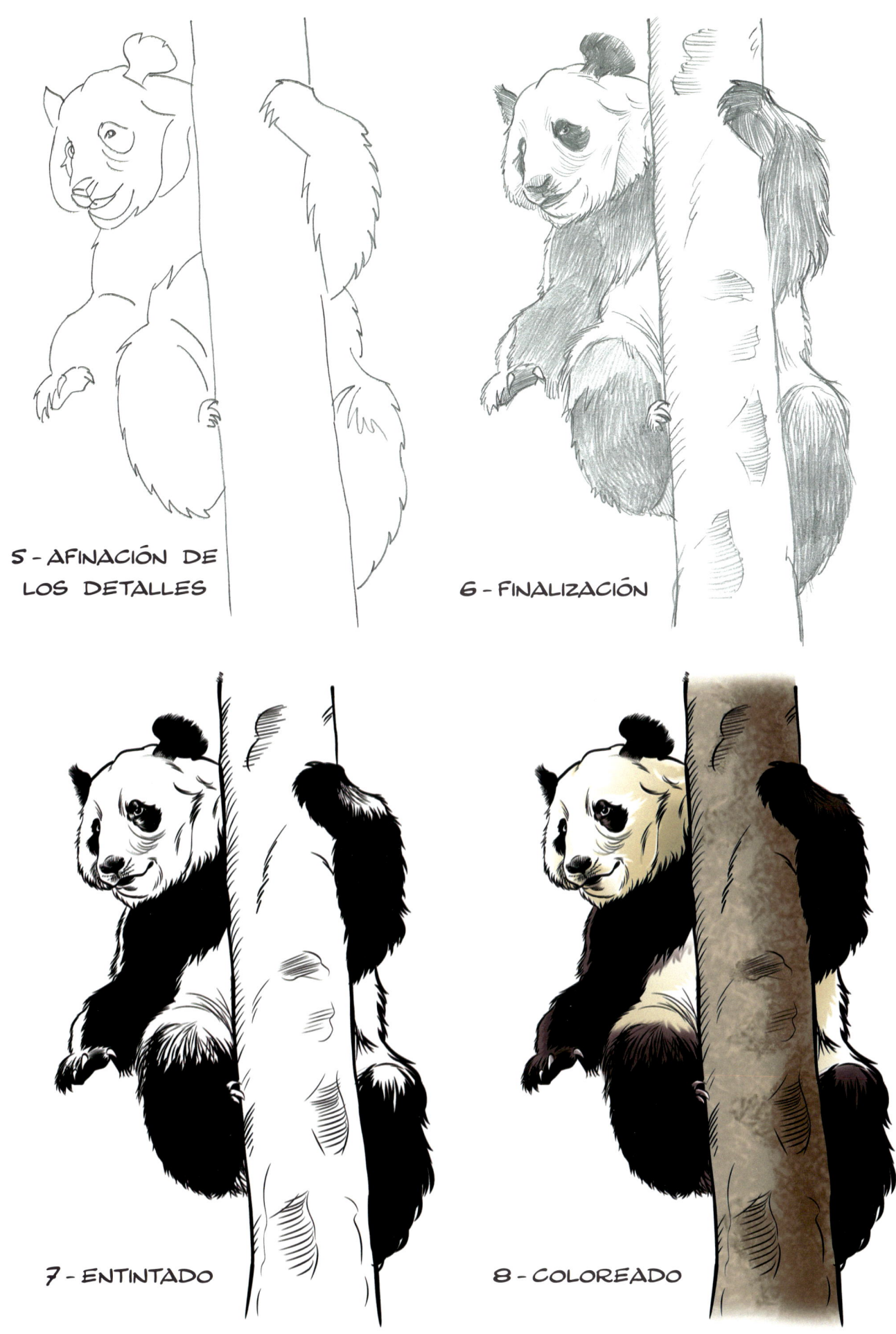

5 - AFINACIÓN DE LOS DETALLES

6 - FINALIZACIÓN

7 - ENTINTADO

8 - COLOREADO

# EL GORILA

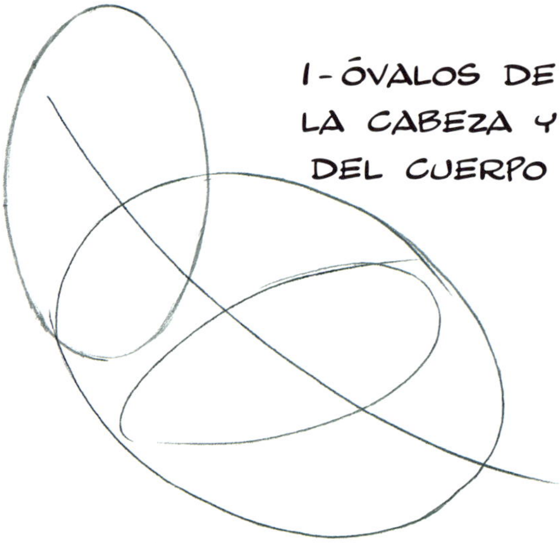

1- ÓVALOS DE
LA CABEZA Y
DEL CUERPO

2- BOCETO DE
LOS MIEMBROS

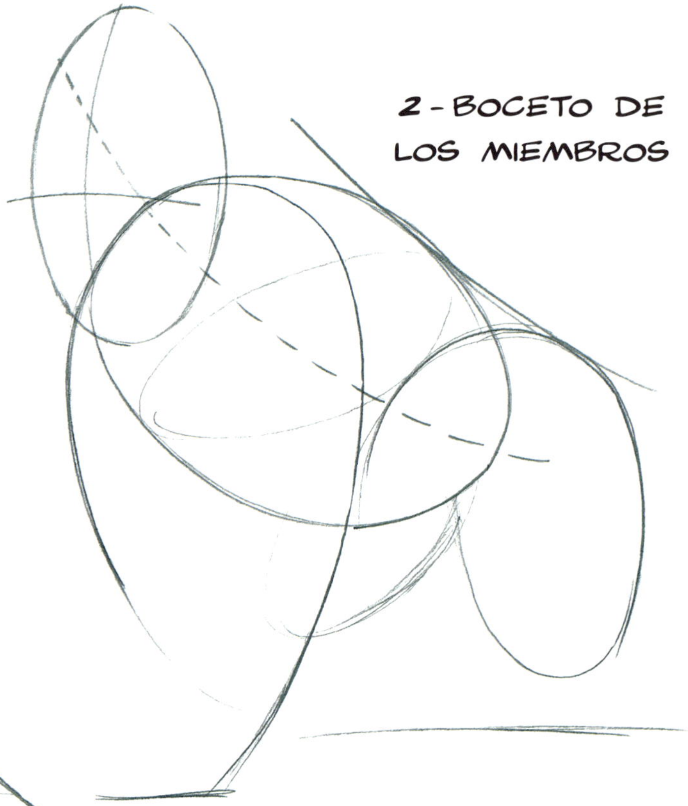

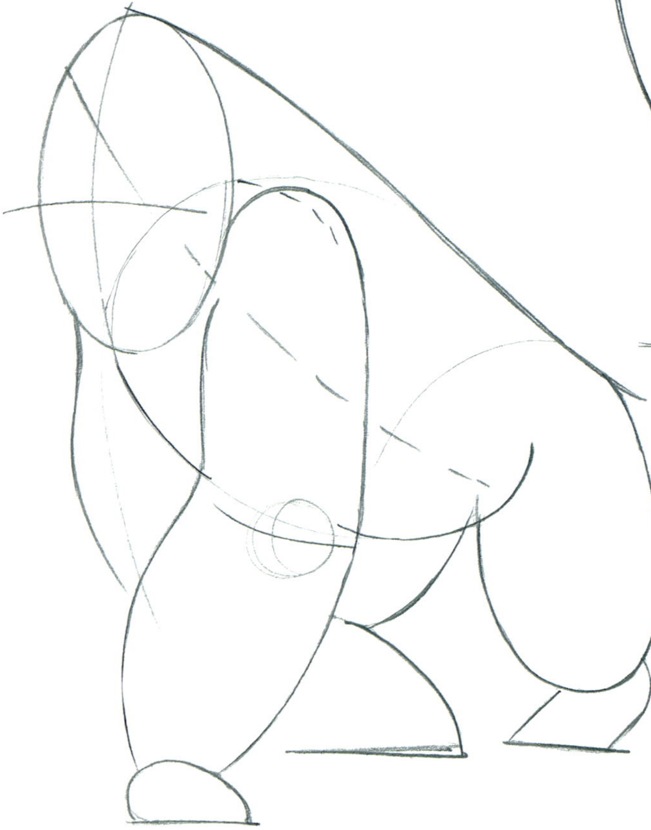

3- TRAZADO DEL VOLUMEN

4- ETAPAS DE LA CABEZA

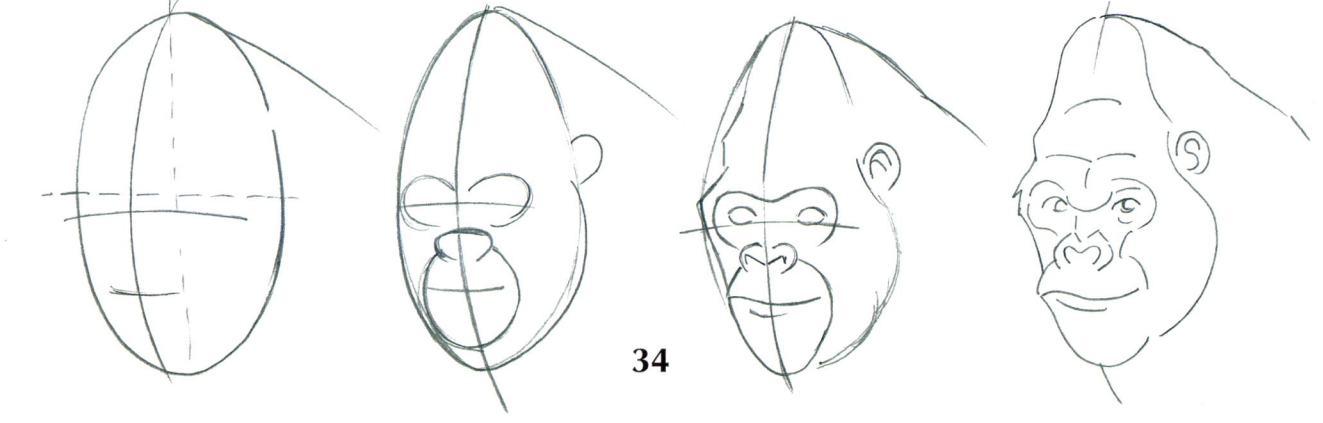

34

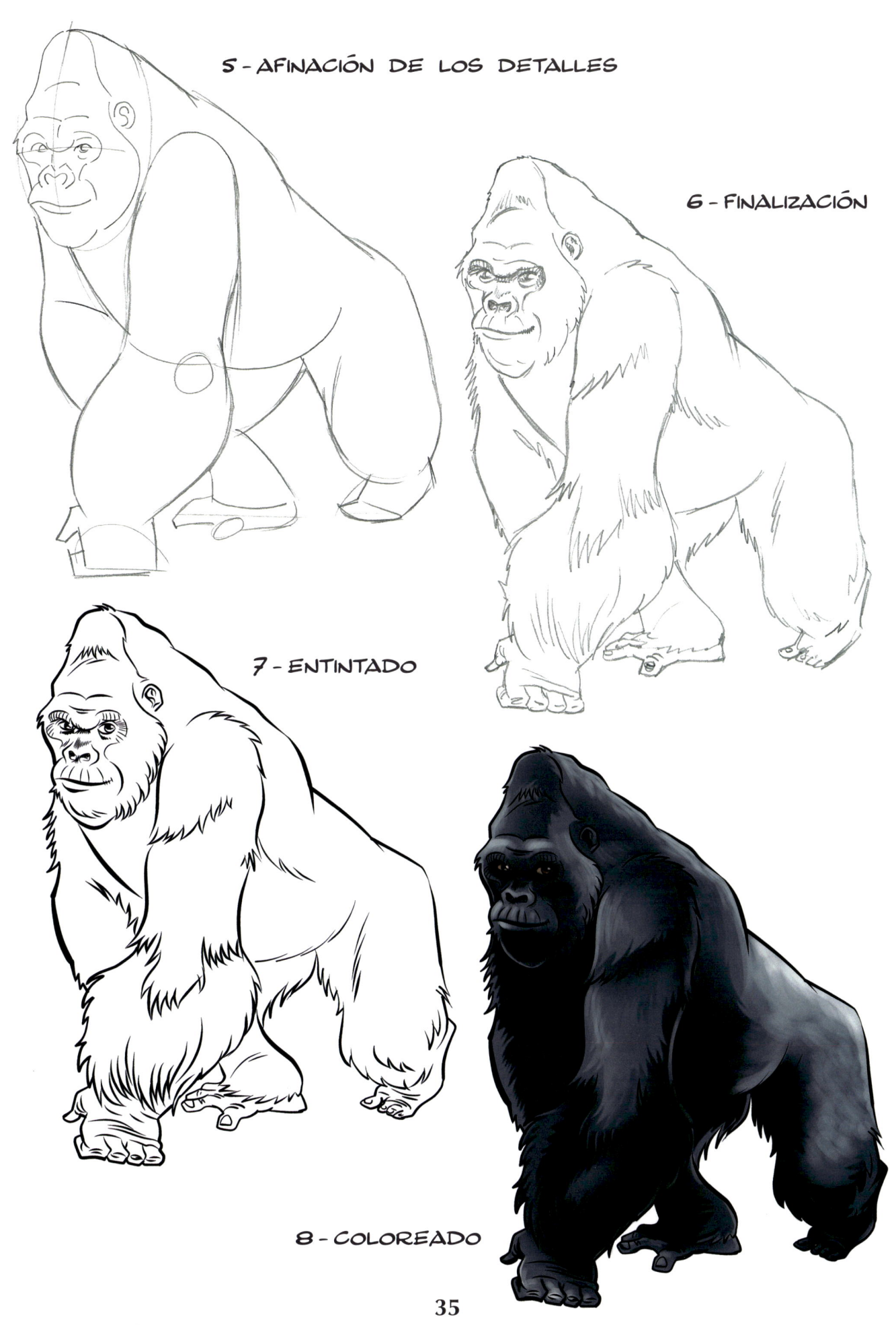

5 - AFINACIÓN DE LOS DETALLES

6 - FINALIZACIÓN

7 - ENTINTADO

8 - COLOREADO

# EL ORANGUTÁN

## 1 - ÓVALOS DE LA CABEZA Y DEL CUERPO

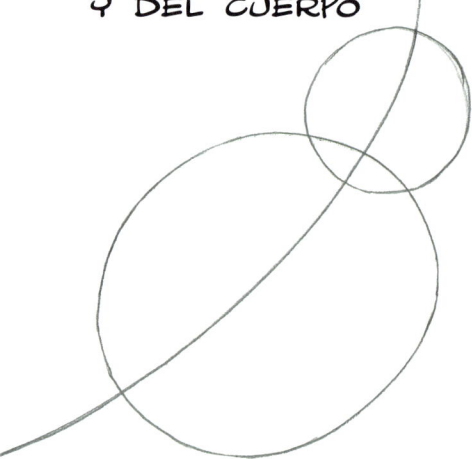

## 2 - BOCETO DE LOS MIEMBROS Y DEL ÁRBOL

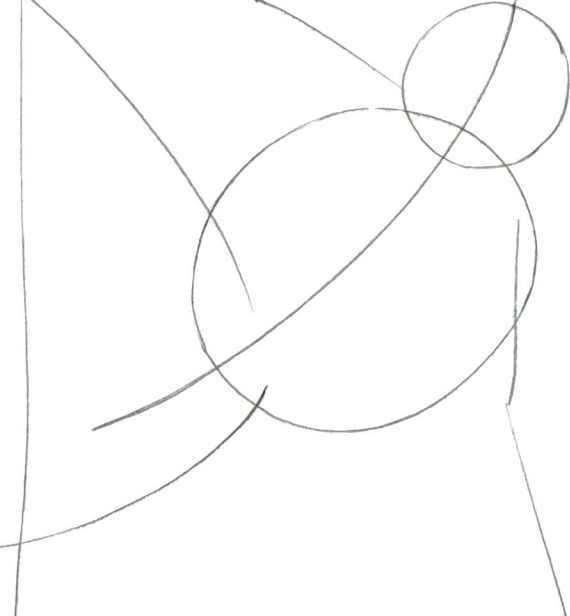

## 3 - TRAZADO DEL VOLUMEN

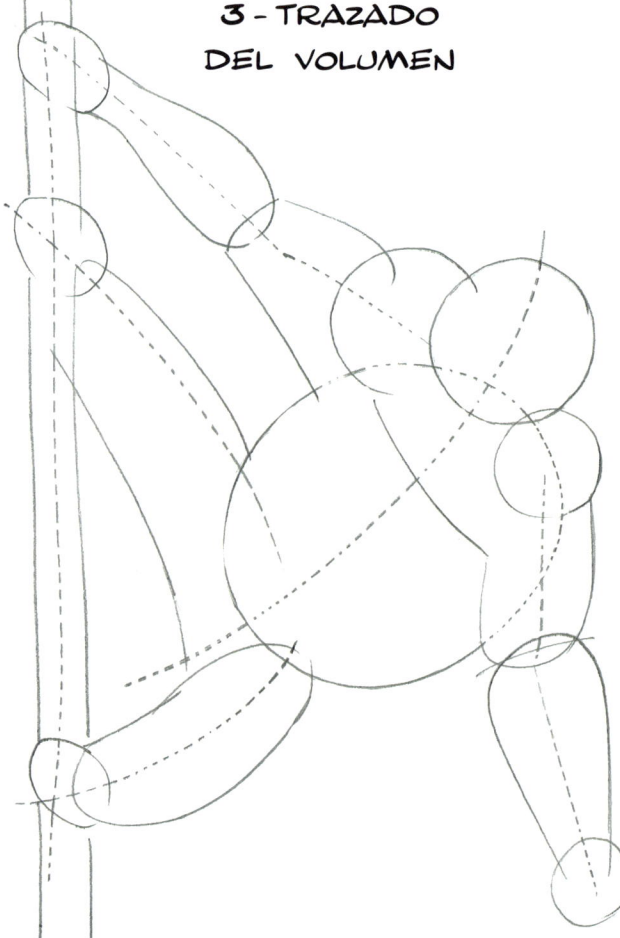

## 4 - ETAPAS DE LA CABEZA

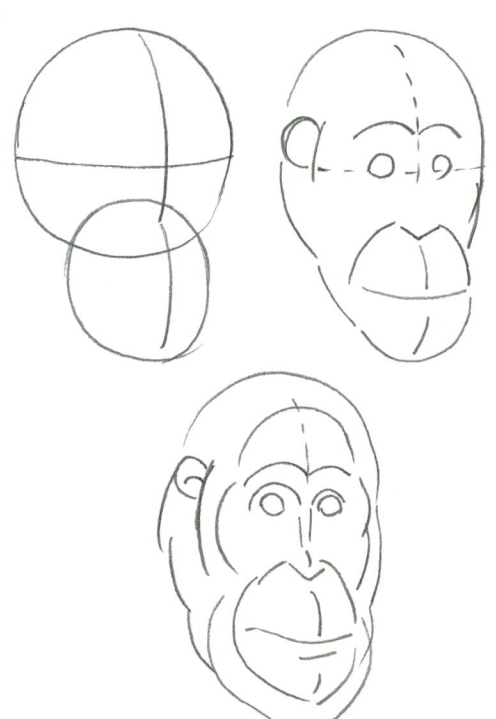

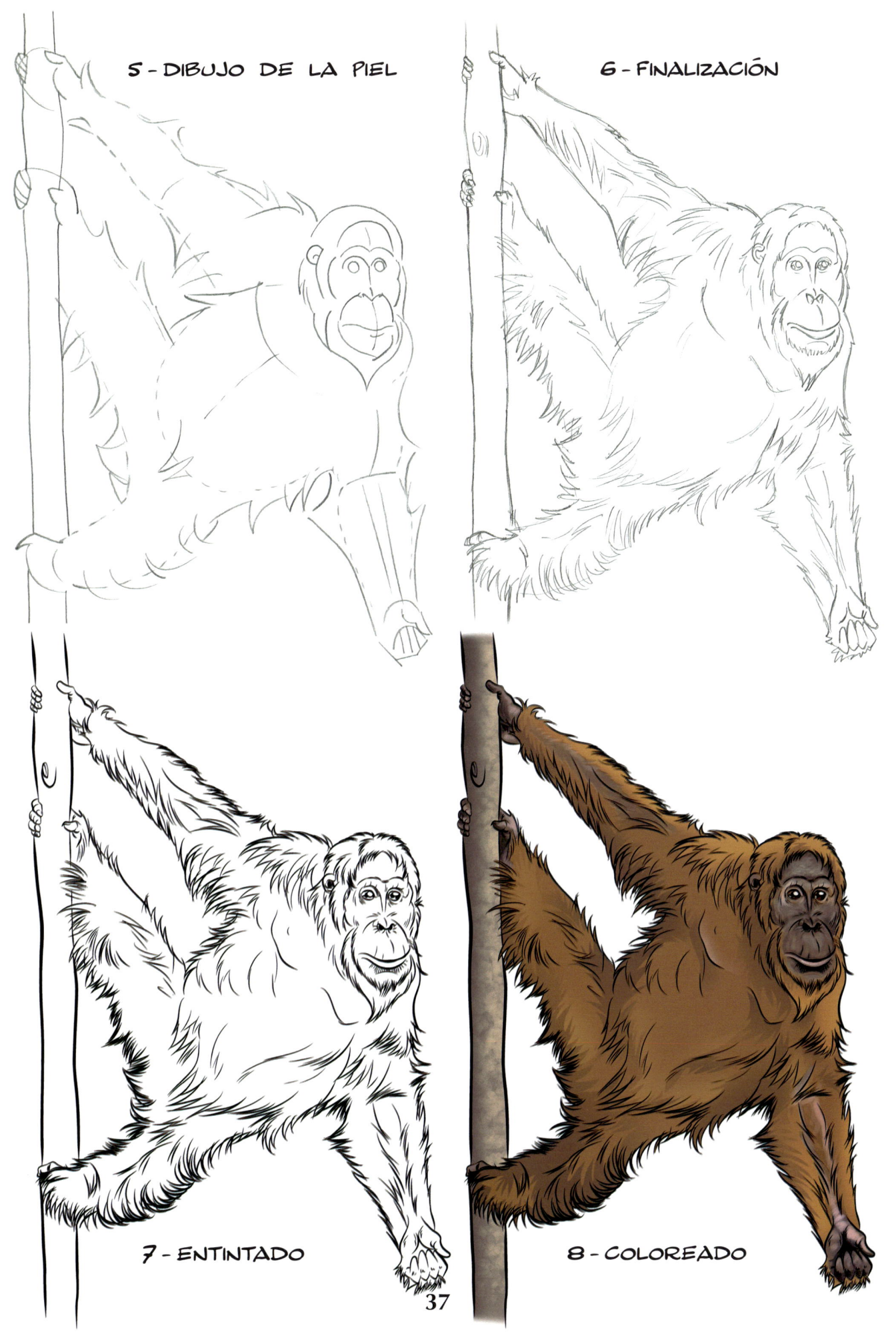

5 - DIBUJO DE LA PIEL

6 - FINALIZACIÓN

7 - ENTINTADO

8 - COLOREADO

# EL MANDRIL

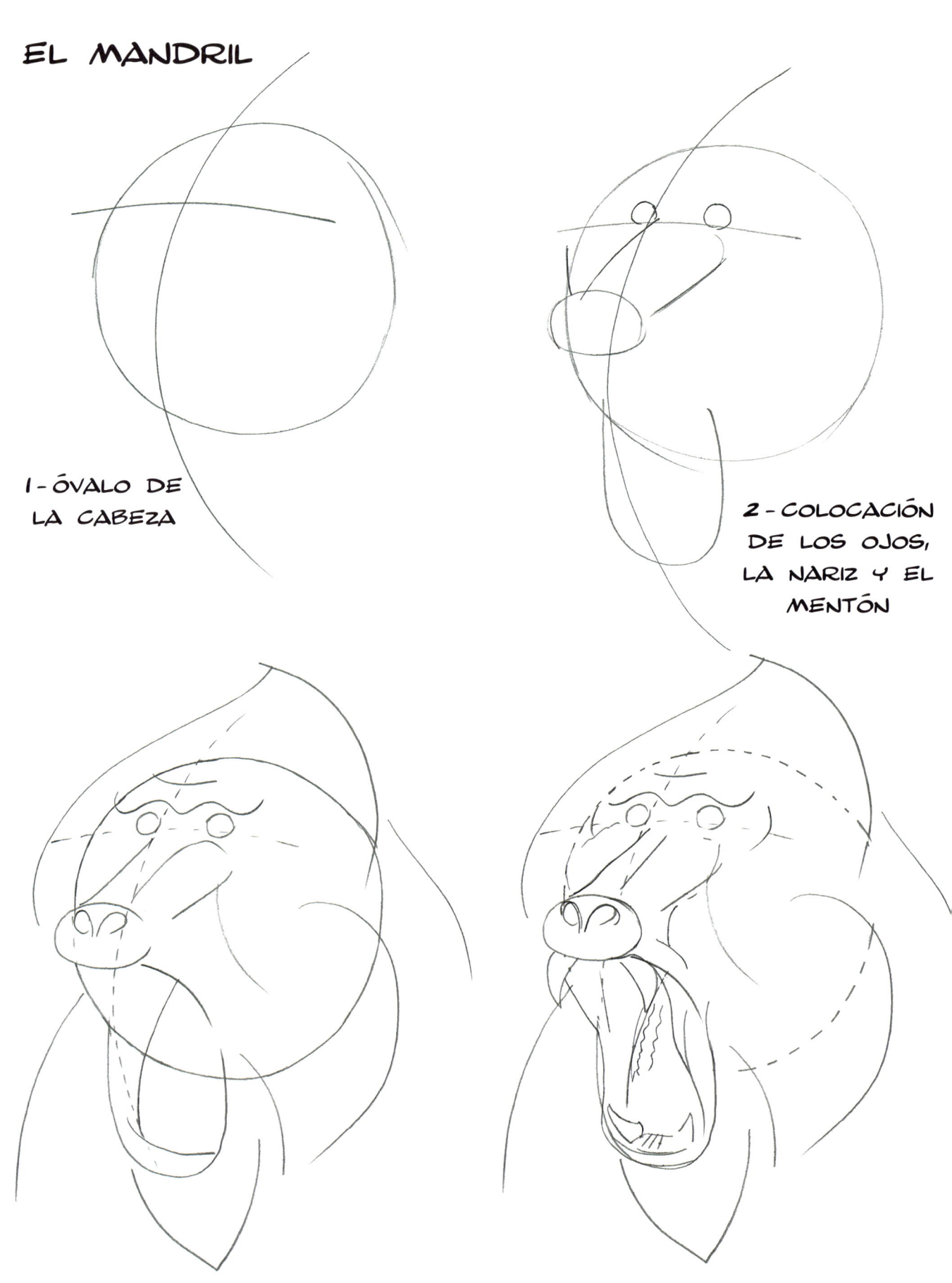

**1 - ÓVALO DE LA CABEZA**

**2 - COLOCACIÓN DE LOS OJOS, LA NARIZ Y EL MENTÓN**

**3 - DETALLES DE LA CARA Y ESBOZO DEL PELAJE**

**4 - DETALLES DE LA BOCA**

**38**

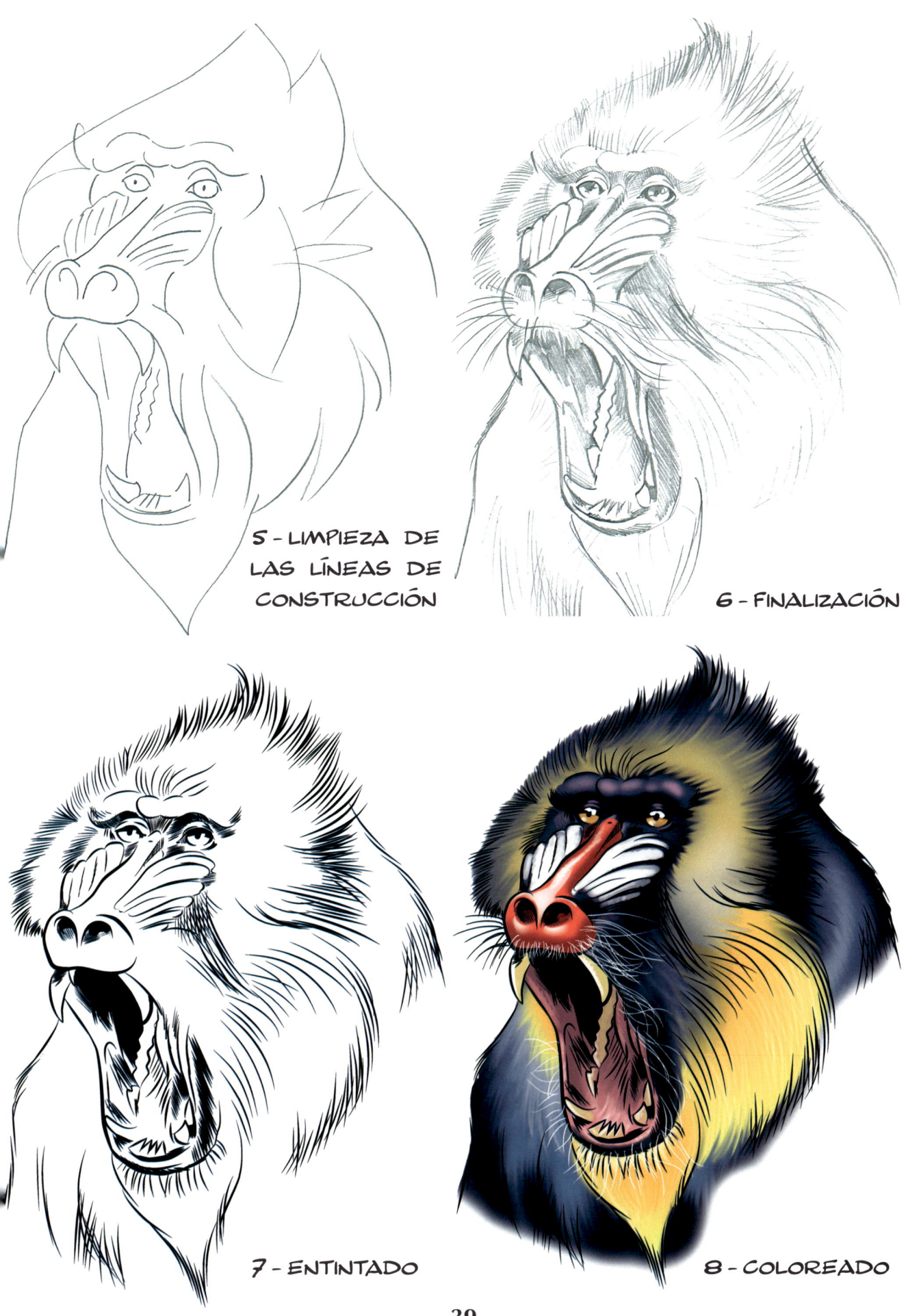

5 - LIMPIEZA DE LAS LÍNEAS DE CONSTRUCCIÓN

6 - FINALIZACIÓN

7 - ENTINTADO

8 - COLOREADO

# EL OSO HORMIGUERO

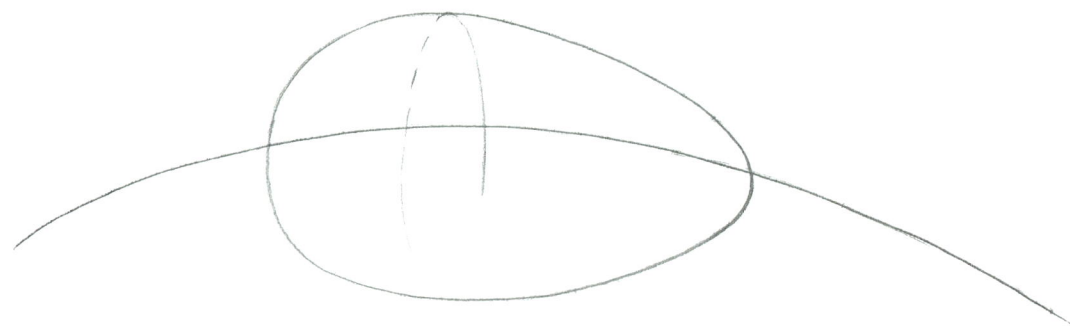

1 - ÓVALO DEL CUERPO

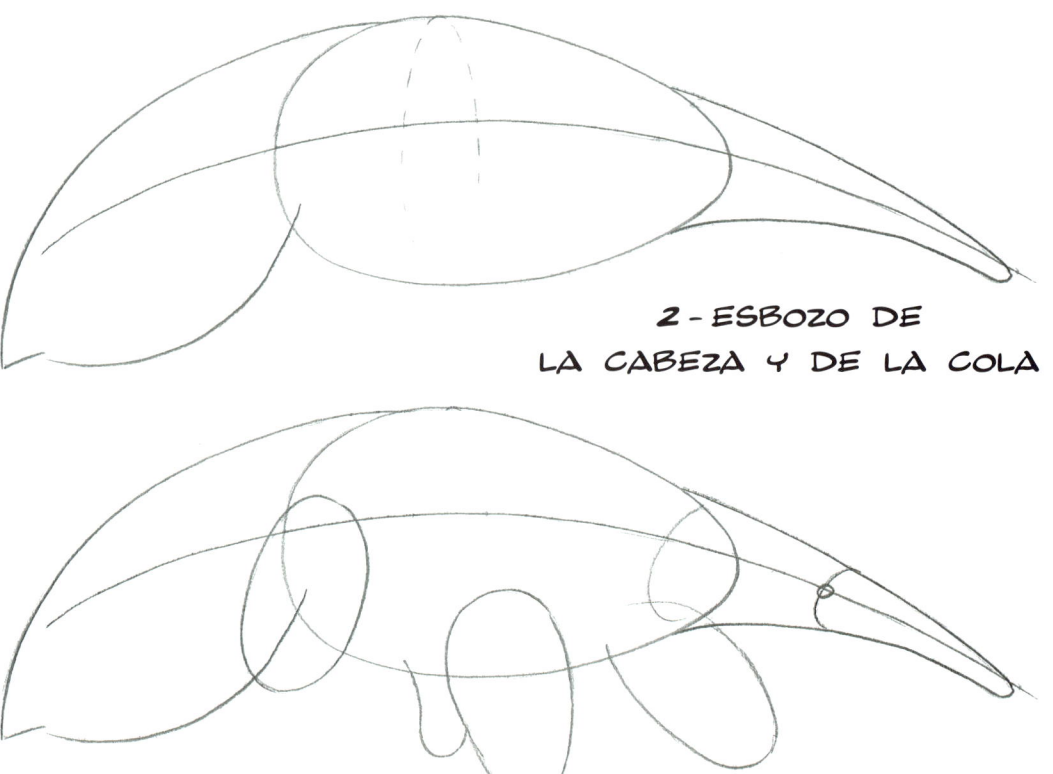

2 - ESBOZO DE
LA CABEZA Y DE LA COLA

3 - BOCETO DE LOS MIEMBROS

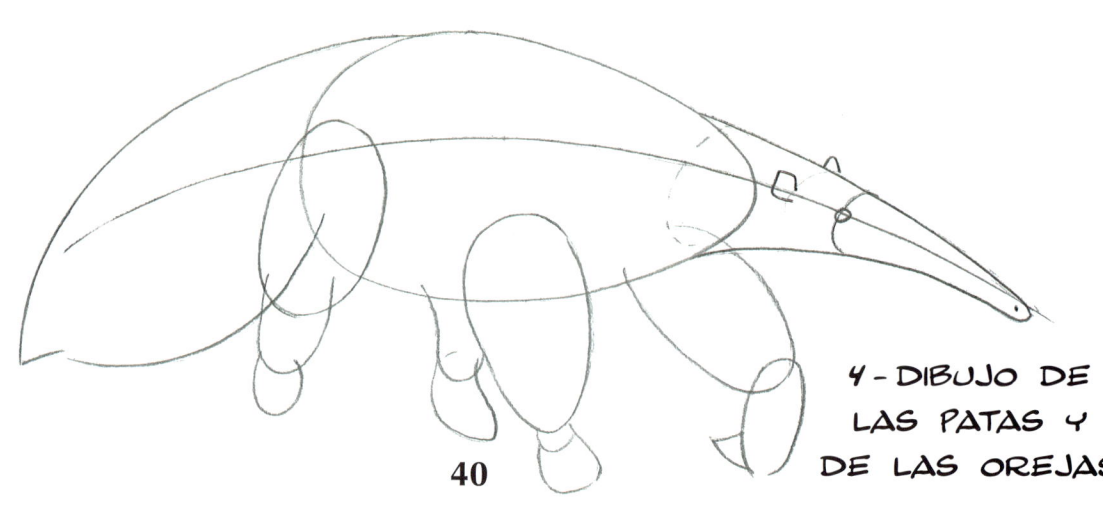

4 - DIBUJO DE
LAS PATAS Y
DE LAS OREJAS

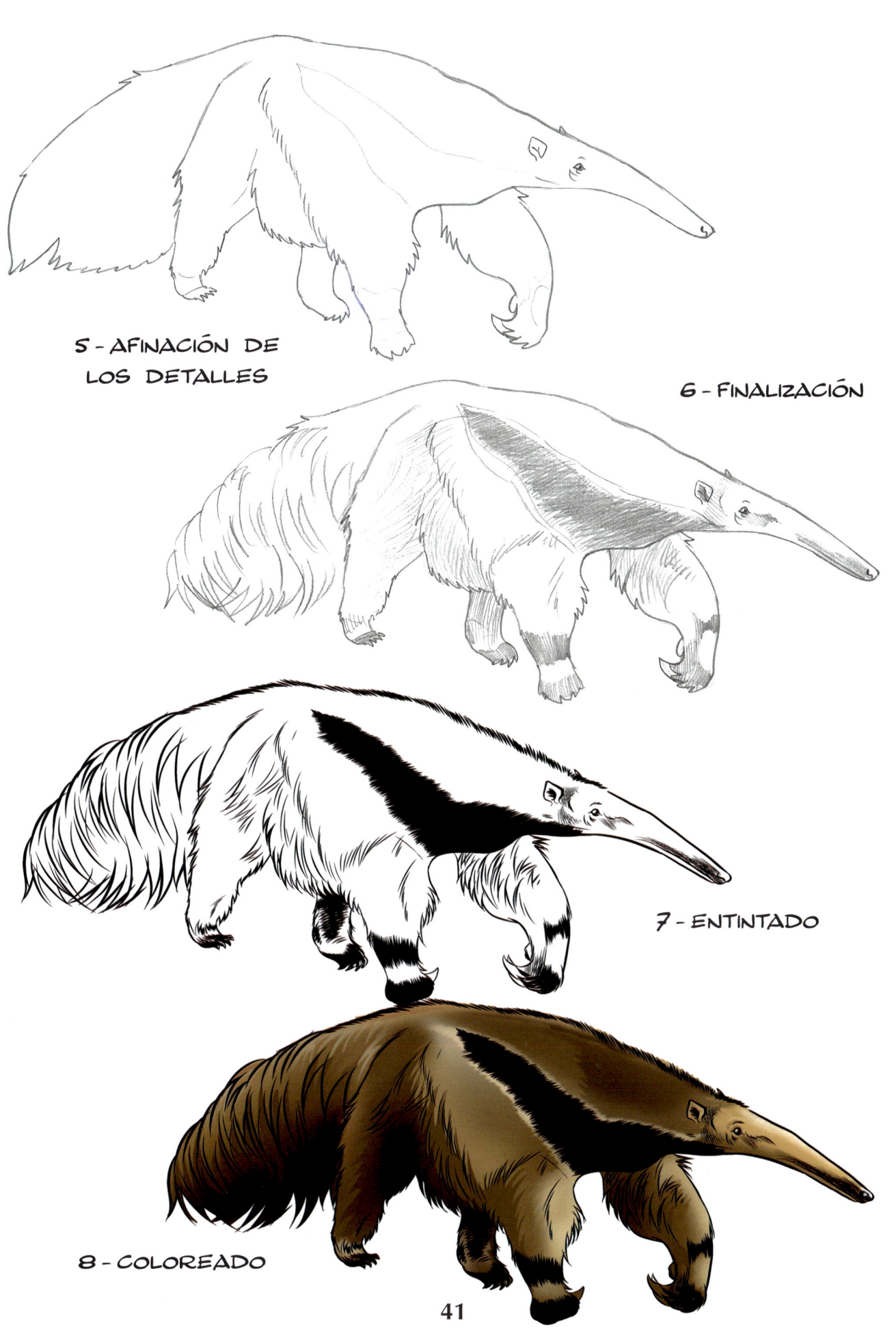

5 - AFINACIÓN DE
LOS DETALLES

6 - FINALIZACIÓN

7 - ENTINTADO

8 - COLOREADO

# LA CEBRA

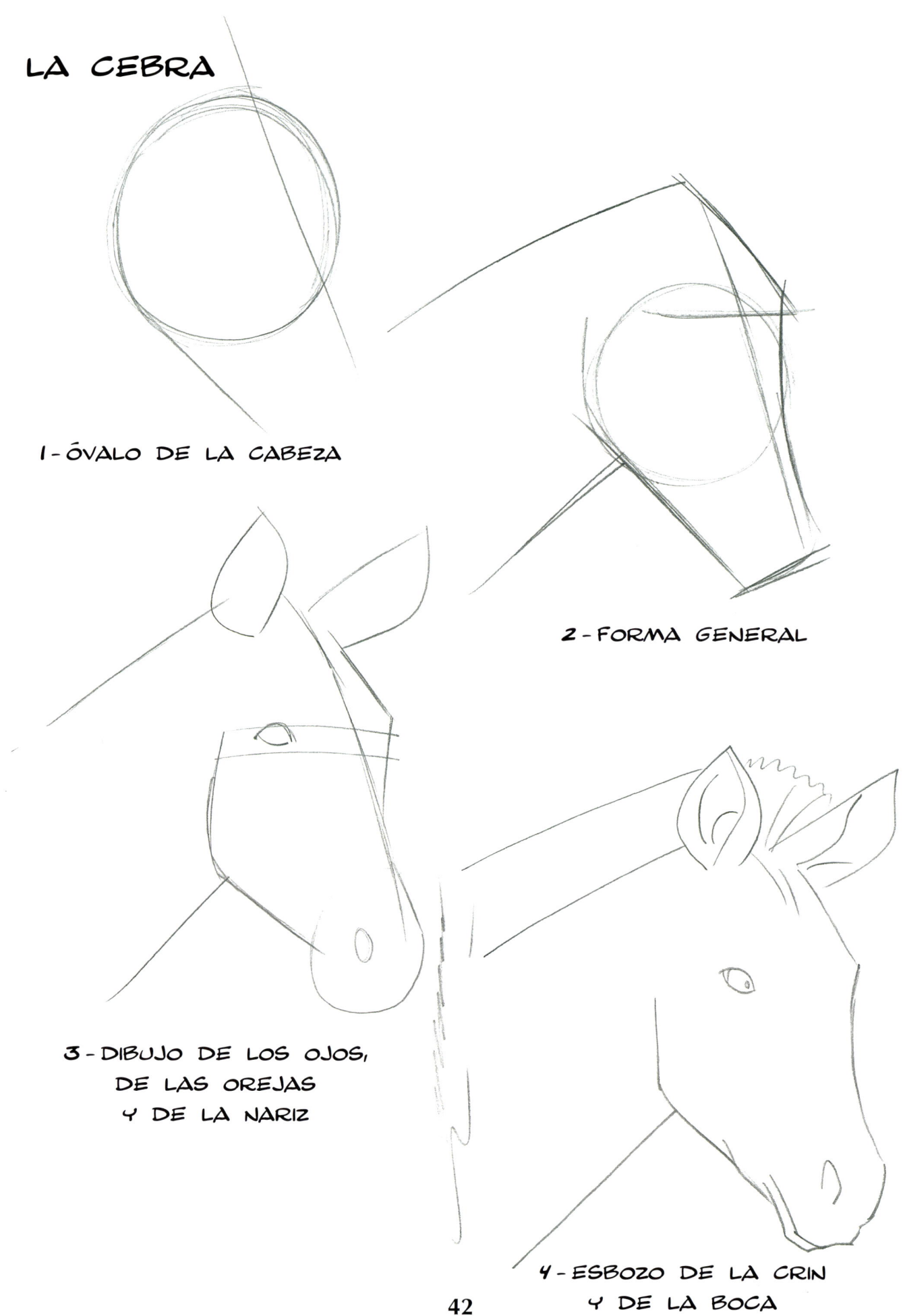

1 - ÓVALO DE LA CABEZA

2 - FORMA GENERAL

3 - DIBUJO DE LOS OJOS,
DE LAS OREJAS
Y DE LA NARIZ

4 - ESBOZO DE LA CRIN
Y DE LA BOCA

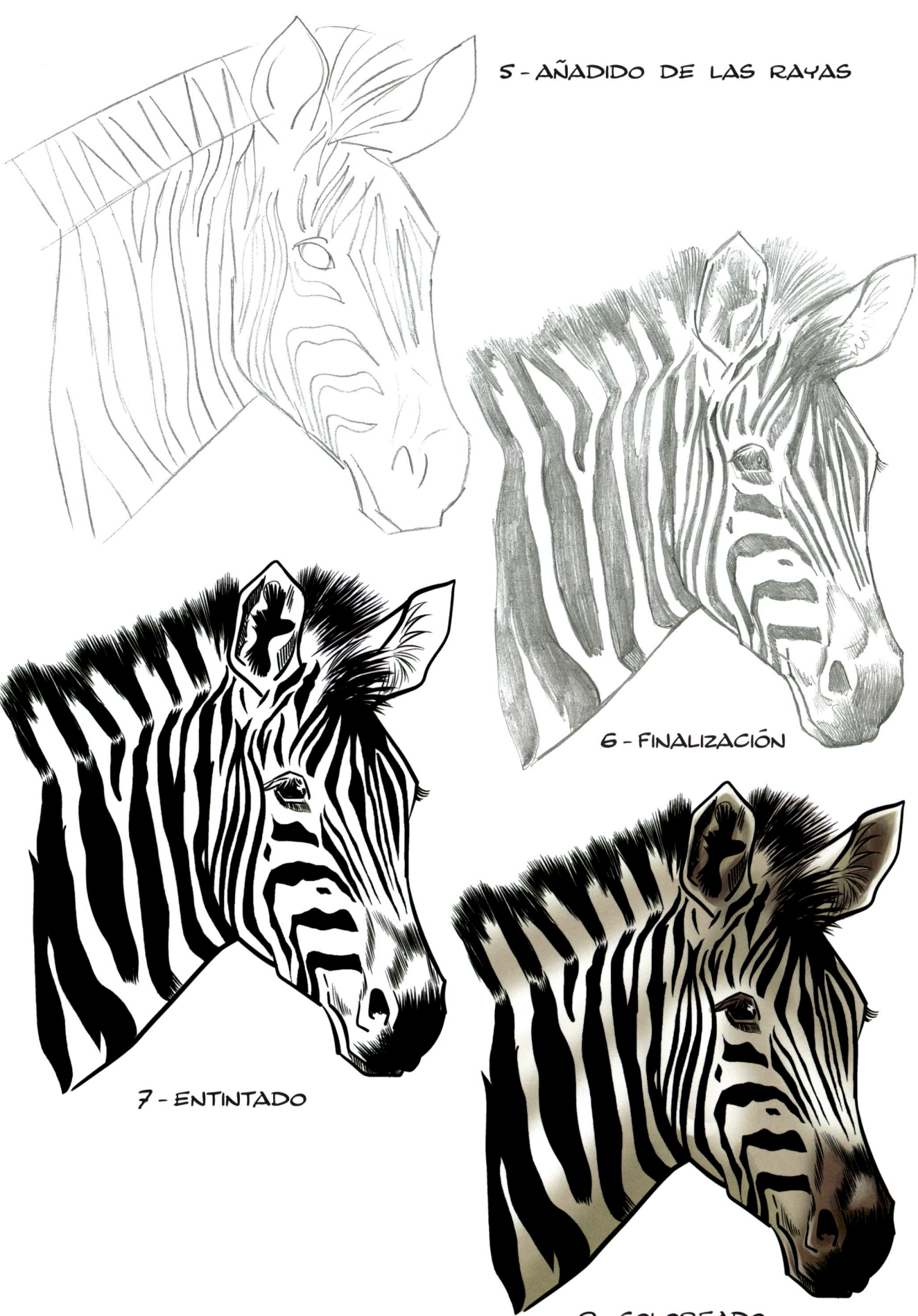

5 - AÑADIDO DE LAS RAYAS

6 - FINALIZACIÓN

7 - ENTINTADO

8 - COLOREADO

# EL BÚFALO

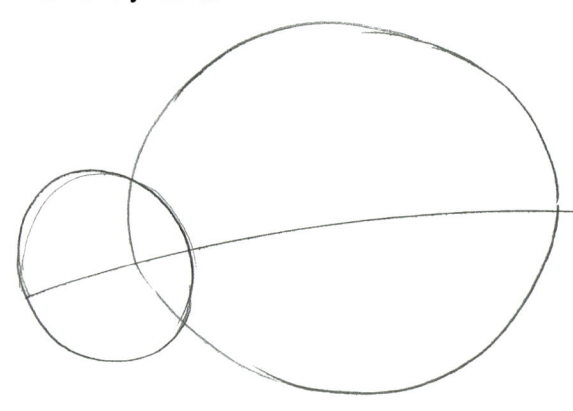

1 - ÓVALOS DE LA CABEZA Y DEL CUERPO

2 - BOCETO DE LOS MIEMBROS

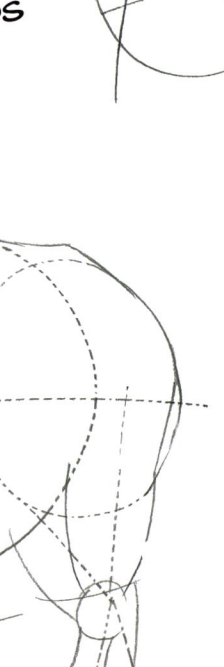

3 - ESBOZO DE LOS CUERNOS Y DE LAS PATAS

4 - ETAPAS DE LA CABEZA

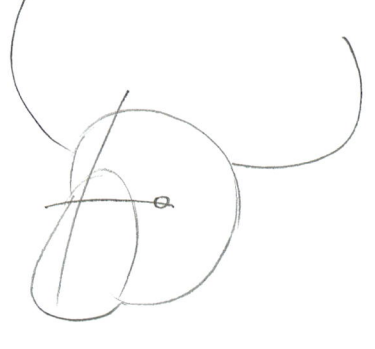
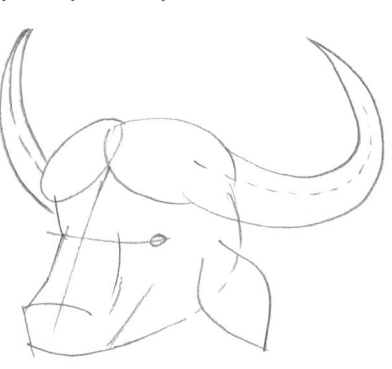
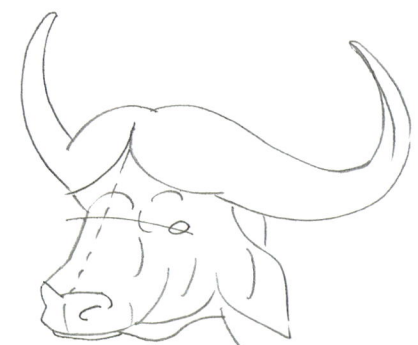

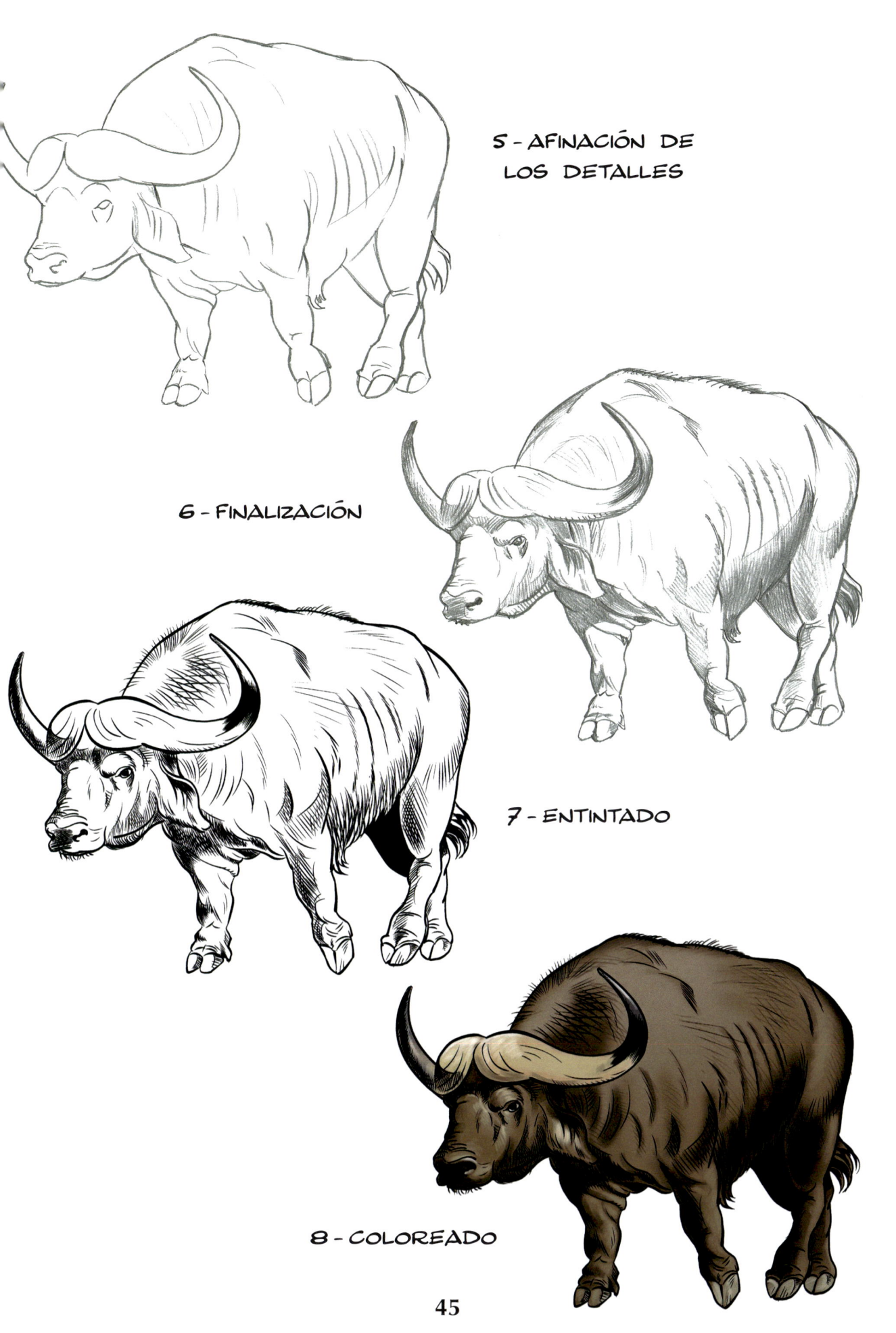

5 - AFINACIÓN DE LOS DETALLES

6 - FINALIZACIÓN

7 - ENTINTADO

8 - COLOREADO

45

# LA HIENA

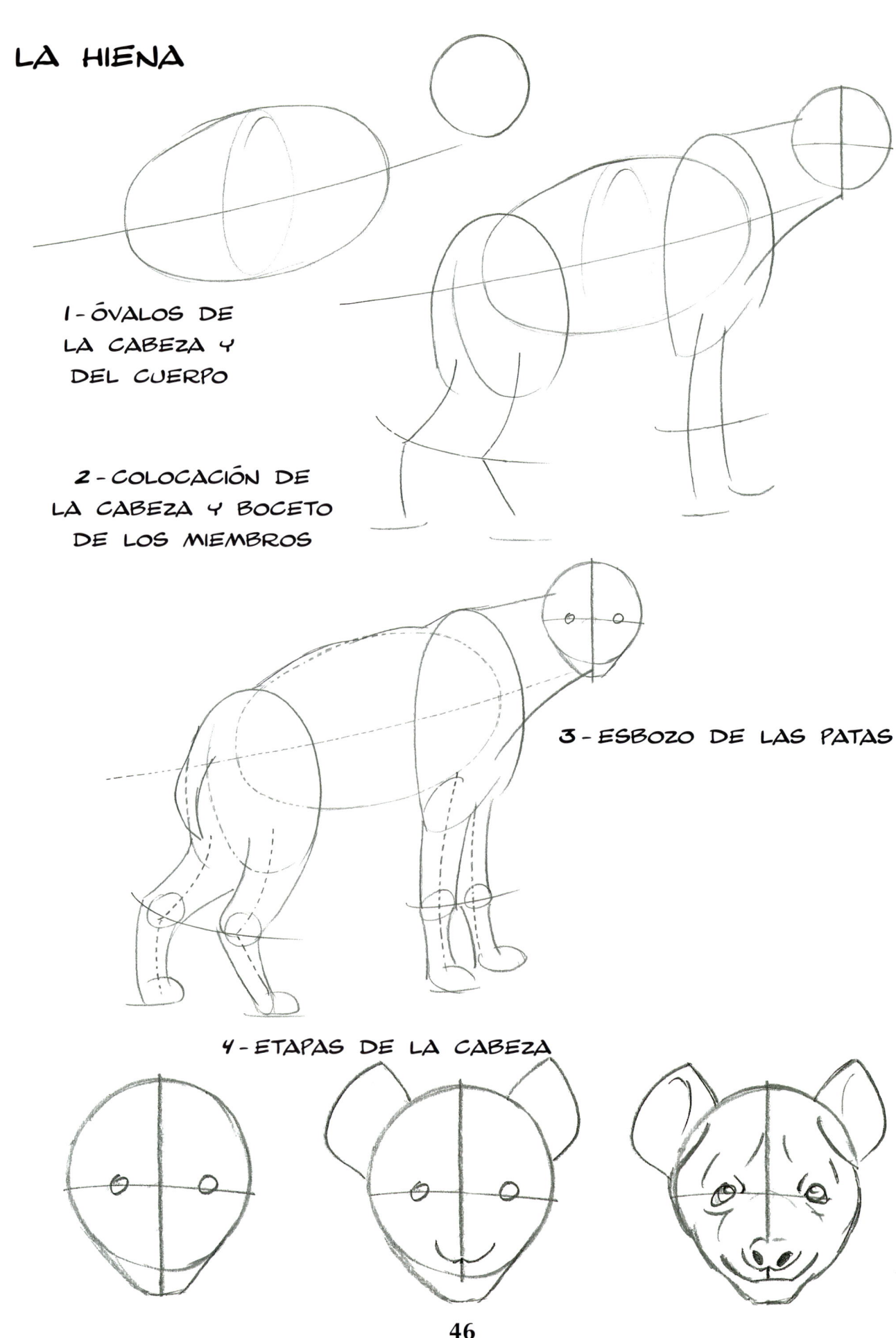

1 - ÓVALOS DE
LA CABEZA Y
DEL CUERPO

2 - COLOCACIÓN DE
LA CABEZA Y BOCETO
DE LOS MIEMBROS

3 - ESBOZO DE LAS PATAS

4 - ETAPAS DE LA CABEZA

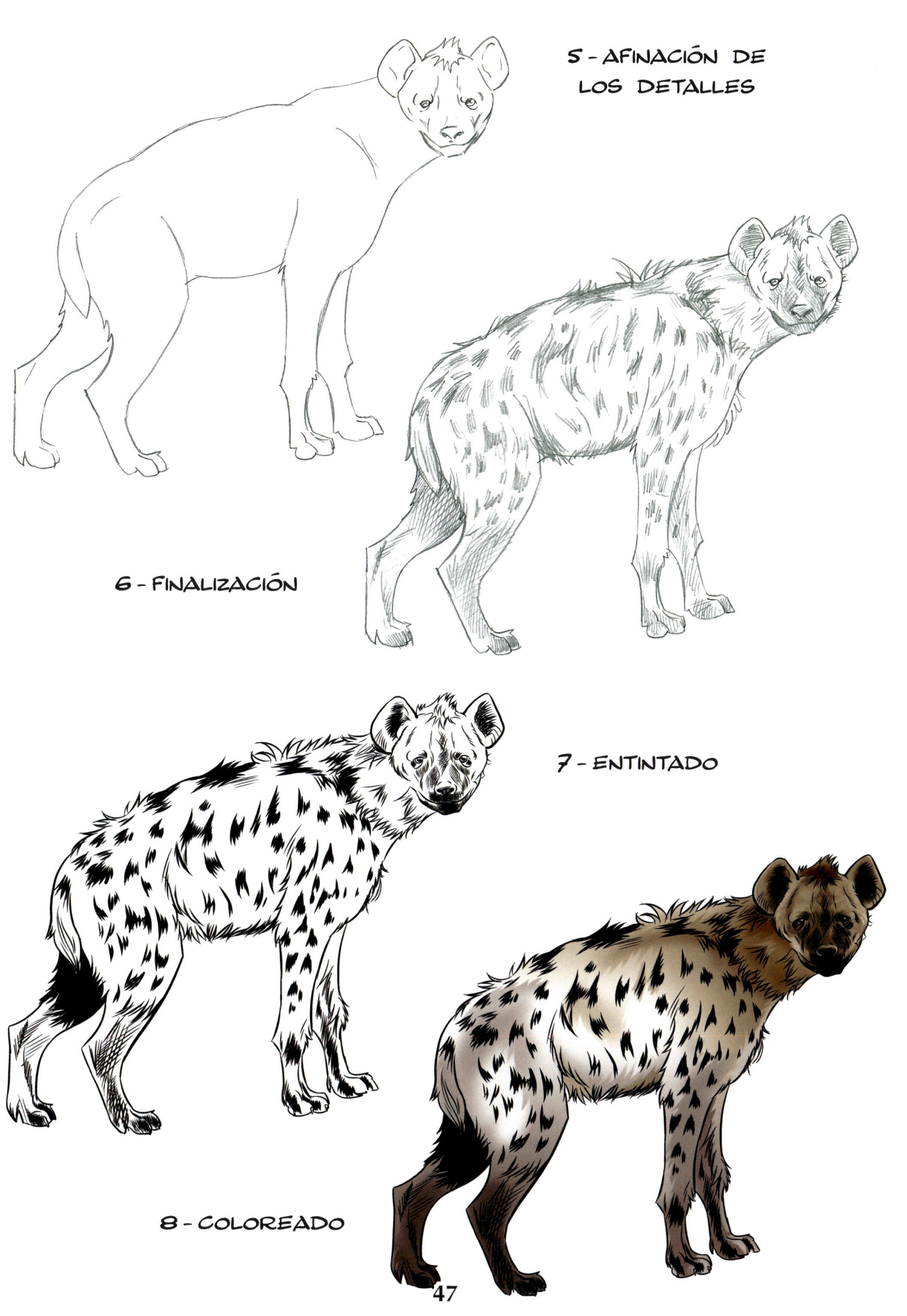

5 - AFINACIÓN DE
LOS DETALLES

6 - FINALIZACIÓN

7 - ENTINTADO

8 - COLOREADO

47

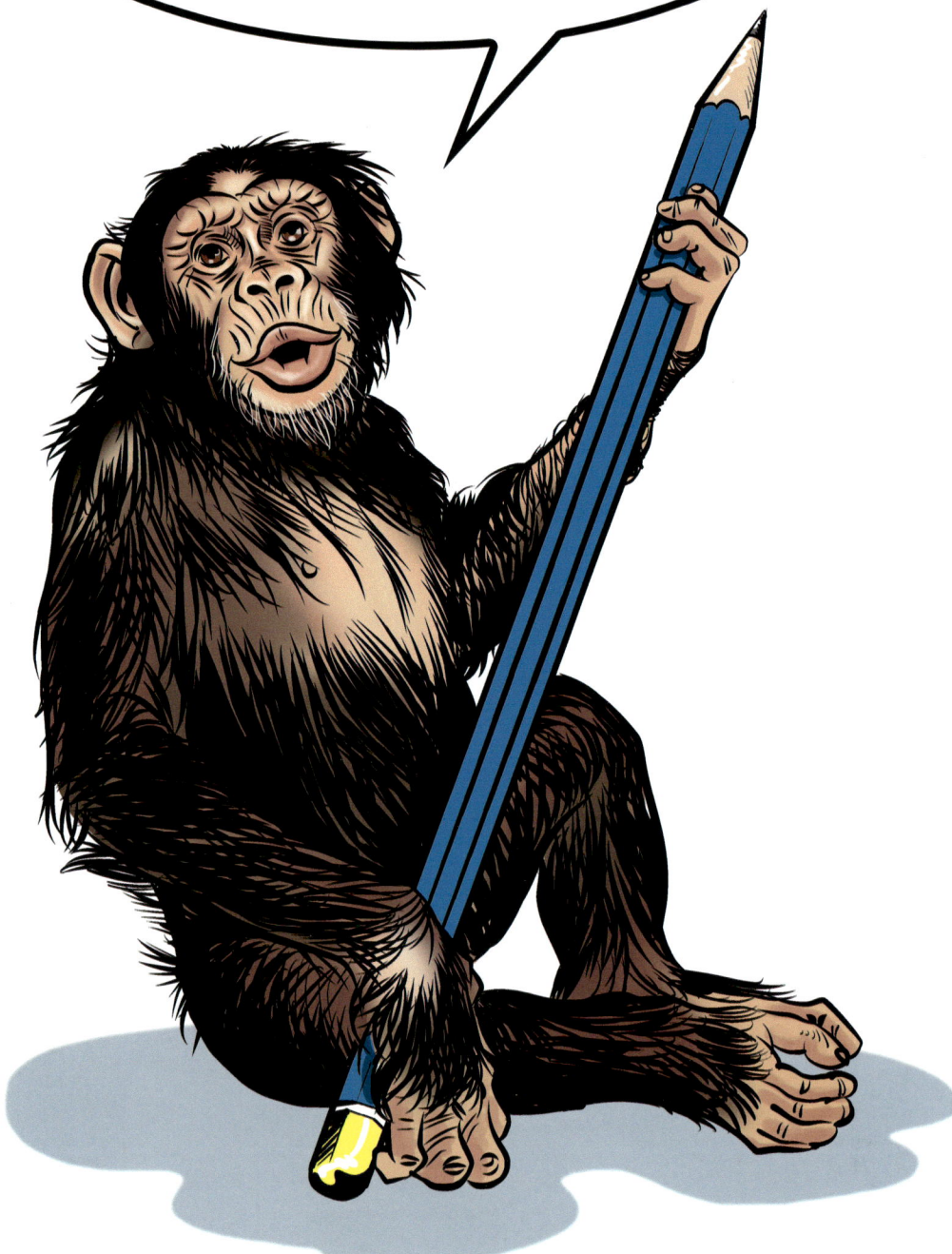